KB191104

## ◉ 윤석열 대통령 지지율 및 정치적 변곡점 타임라인 ◉

| TIME | 지지율 | 정치적 사건 및 변곡점 |
|---|---|---|
| 2024.12.03 | — | **123 비상계엄 선포**<br>헌정질서 수호 명분으로<br>계엄령 발동 |
| 2024.12.13 | 11.0% 갤럽 | **직무수행 최저 지지율 기록**<br>계엄 이후 국민 혼란 극심<br>탄핵 논의 본격화 |
| 2024.12.14 | — | **국회, 윤석열 대통령 탄핵소추안 가결**<br>대통령 직무정지 상태 돌입 |
| 2024.12.24<br>(2024.12.22-23) | 31.5% 펜앤드마이크·공정 | **지지율 반등 최초 포착**<br>국민, 이재명·민주당의 '의회 독재'에 피로감<br>보수층 재결집 조짐 |
| 2025.01.05<br>(2025.01.02-03) | 40.0% 아시아투데이<br>한국여론평판연구소 | **지지율 40% 첫 진입**<br>공수처의 무리한 체포 시도 논란 격화 |
| 2025.01.09<br>(2025.01.07-09) | 42.4% 데일리안·공정 | **2주 새 12%p 급등**<br>헌재, 내란 혐의 제외 결정<br>탄핵 정당성 흔들림 시작 |
| 2025.01.10 | 43.1% 파이낸스투데이·더퍼블릭<br>45.5% 에브리뉴스 | **보수·중도층 동시 확장**<br>공수처 신뢰도 15% 최하위<br>여론 역풍 본격화 |
| 2025.01.10 | — 갤럽 | **찬성 64%, 반대 32%로 격차 축소**<br>한달 전엔 찬성 75%, 반대 21%<br>중도층 이탈 본격화 분석 |
| 2025.01.11 | — | **윤 지지율, 이재명 추월**<br>"윤석열은 맞을수록 커진다" 프레임 확산 |
| 2025.03.30 | 44.0% 아시아투데이 | **13주 내내 40% 중후반대 견고 유지** |

## 윤석열 대통령은 4월 전에 파면될까?

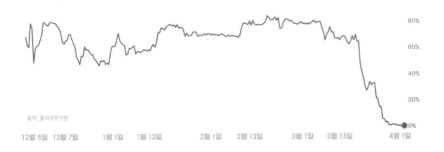

출처_폴리마켓닷컴

12월 5일  12월 7일    1월 1일  1월 13일     2월 1일  2월 13일     3월 1일  3월 13일     4월 1일

K-드라마 윤석열 | 계엄에서 탄핵을 거쳐 부활까지

펴 낸 곳 투나미스
발 행 인 유지훈
지 은 이 심규진ⓒ
프로듀서 류효재 변지원
기     획 이연승 최지은
마 케 팅 전희정 배윤주 고은경
초판발행 2025년 04월 30일
초판인쇄 2025년 04월 15일
주소 수원시 권선구 금곡로196번길 62, 제이에스타워 305호 조인비즈 6호
대표전화 010-4161-8077 | 팩스 031-624-9588
이 메 일 ouilove2@hanmail.net
홈페이지 www.tunamis.co.kr
I S B N 979-11-94005-30-8 (03340) (종이책)
I S B N 979-11-94005-31-5 (05340) (전자책)

계엄에서 탄핵을 거쳐 부활까지

# K-드라마
# 윤석열

심규진

## Yoon Suk-yeol,
## the Walking K-Drama

투나
미스

# 현실이 만든 드라마, 역사가 된 결단

전한길
역사 강사

『K-드라마 윤석열』을 읽는 내내 현대사를 읽는 듯했다. 계엄 선포부터 탄핵 위기, 그리고 극적인 정치적 부활까지, 대한민국이 경험한 그 치열한 순간들을 현장 한가운데서 생생히 지켜보는 듯한 감동을 받았다. 나 역시 현장에서 국가 정상화와 반국가세력 및 선관위 비리의 척결을 목놓아 부르짖고 있는 일인이기에 더더욱 공감했던 것 같다. 이 책은 단순한 정치 스토리가 아니라 윤석열 대통령의 부활을 통해 위기에 빠진 대한민국의 국정 동력이 되살아나는 경위를 생생히 기록한 역작이다.

윤석열 대통령의 이야기는 현실이 만들어낸 드라마였다. 당신의 대담한 개혁과 결단, 그리고 국정의 혼란을 바로잡기 위한 과감한 '계몽령'은 한 개인의 리더십을 넘어 정치사의 중요한 전환점을 제시하고 있다. 현장에서도 체감할 수 있었던 대통령의 지지율은 단순한 숫자라기보다는 대한민국 국민이 원하는 정치적 방향성과 시대정신을 반영하는 바로미터임을 새삼 실감했다.

계엄과 탄핵이라는 초유의 사태를 마주한 상황에서, 저자가 제시한 헌정질서의 근본적 변화를 촉구하는 과감한 주장에 깊이 동감했다. 현재 국회가 보여주는 대립과 갈등은 더는 국민을 위한 정치가 아니라, 국민을 힘들게 하는 정치일 뿐이다. 책에 언급된 여러 문제점은 우리가 반드시 직시하고 해결해야 할 과제들이다.

또한 이 책은 대한민국 국민이 모두 고민하고 참여해야 할 정치적 과제를 명료하게 제시한다. 드라마 같은 현실 속에서 진정한 정의와 자유민주주의를 지키기 위해 우리는 어떻게 행동해야 하며, 2030의 힘과 결단력은 왜 중요한지도 공감하게 될 것이다.

나는 『K-드라마 윤석열』이 대한민국의 미래를 위한 중차대한 역사적 교훈이 될 것이라 확신한다. 대한민국을 사랑하고, 이 나라의 앞날을 진정으로 걱정하는 2030 청년을 비롯한 모든 이들에게 이 책을 추천한다.

# 리더십의 길을 다시 묻는 책

나경원

국회의원

『K-드라마 윤석열』은 지금 이 시기를 가장 뜨겁고도 깊이 있게 조망하는 책이다. 이 책을 읽노라면 심규진 교수가 글로 전하는 혜안과 통찰력에 다시금 감탄하게 된다. 글 한 줄 한 줄마다 위기의 대한민국을 향한 걱정과 보수 정당이 걸어가야 할 길에 대한 진심 어린 어드바이스가 녹아 있기 때문이다.

심 교수는 이미 저서와 정책 제안, 혹은 여의도연구원에서의 활동을 통해 보수 진영이 잃어버린 동력과 정체성을 되찾는 데 누구보다 앞장서 왔다. 이제는 『K-드라마 윤석열』이라는 책을 통해 한국 정치가 어디에서 길을 잃었고, 어디로 가야 하는지를 국민에게 소상히 밝히고 있다.

이 책은 단순한 사건의 기록을 넘어, 윤석열 대통령의 계엄과 그를 둘러싼 탄핵 위기를 지나 다시 국정의 중심으로 복귀하는 여정을 통해 '진정한 리더십'의 정의를 묻고 있다. 달리 말해, 대통령의 선택과 결단을 통해 흔들리던 보수의 구심력이 어떻게 회복되어 가는지를 다층적으로 조명하고 있으며 우리가 놓쳐서는 안 될 민심의 흐름과 국민의 기대를 고스란히 담아냈다고도 볼 수 있다.

『K-드라마 윤석열』은 보수 정당에도 원대한 메시지를 던지고 있다. **"우리가 국민에게 무엇을 어떻게 해야 하는가?"**라는 근본적인 질문에 정면으로 응답하고 있기 때문이다. 필자는 책장을 넘기며 과거의 실수를 되돌아보고 더 단단한 미래로 나아가기 위한 실질적인 고민과 전략을 확인할 수 있었다.

머나먼 스페인에서도 나라를 걱정하고 보수를 고민하며 진심을 다해 쓴 이 책이야말로 지금 우리 정치가 반드시 읽고 새겨야 할 교과서 같은 책이라 생각한다. 윤석열 대통령의 리더십에 관심이 있는 독자뿐 아니라, 대한민국 정치의 전환점에 서 있는 모든 국민에게 『K-드라마 윤석열』을 자신 있게 추천한다.

# 고독한 리더, 민심으로 부활하다

윤상현
국회의원

『K-드라마 윤석열』은 냉철한 이성의 언어로 쓰였지만 읽는 내내 가슴이 뜨거워지는 책이다. 위기 앞에서 좌고우면하지 않고 직진했던 한 사람의 리더십을 통해 우리는 대한민국 정치의 본모습과 가능성을 다시 마주하게 된다.

윤석열 대통령의 정치 여정은 그 자체로 예측 불가능한 한 편의 서사였다. 연쇄 탄핵 속에서 고립되었다가 계엄이라는 비상한 선택으로 결국에는 민심을 얻어 다시 중심으로 돌아오는 여정은 장엄한 '부활'의 서사요, 흔들리는 국가의 리더십이 어떻게 민심과 교감하고 다시 동력을 얻을 수 있는지를 보여주는 실증적 사례이기도 하다.

심규진 교수는 복잡다단한 이야기를 단호하면서도 섬세하게 풀어냈다. 때로는 언론인의 시선처럼 날카로웠고 때로는 현장을 다니는 전략가처럼 실용적이었는데, 무엇보다도 정치라는 세계를 오랜 시간 진지하게 연구해온 이의 고견에는 묵직한 진정성이 담겨 있었다.

## "두 번째 탄핵을 막지 못하면 광기의 구조가 완성된다"

정치가 감정을 호소하는 데 그친다면 나라는 쉽게 흔들리게 마련이다. 그러나 『K-드라마 윤석열』은 그런 감정을 뿌리째 뒤흔들 이성과 분석으로 무장해 있다. 정치는 결국 국민과의 신뢰일 터, 신뢰는 어떻게 회복할 수 있을까?

필자는 이 책을 읽으며 신뢰가 무엇인지 자문해 보았다. 『K-드라마 윤석열』은 이에 대한 단서를 제시하는 책이다. 국민에게 신뢰를 준 윤석열 대통령의 리더십에 관심이 있다거나, 대한민국 정치와 시대정신이 궁금한 모든 독자에게 이 책을 권한다. 심규진 교수의 날카로운 통찰과 신선한 혜안이 고스란히 담긴 이 책이 독자 여러분에게도 큰 울림이 되리라 믿는다.

# 윤석열이라는 정치의 분기점

신평

변호사

아주 흥미로운 책인 『K-드라마 윤석열』은 대통령의 이야기로 끝나지 않는다. 이 책은 대한민국 정치사의 결정적 전환점이 되었던 최근의 한 순간을 집요하고도 통찰력 있게 기록한 다큐멘터리다. 나는 법률가이자 정치 현실을 냉정히 분석해온 사람으로서, 이 책이 대한민국이 앞으로 나아가야 할 방향을 제시하는 안내서라 확신한다.

윤석열 대통령이 탄핵이라는 초유의 위기를 정면으로 마주하고, 법적·정치적 책임을 스스로 감당하겠다고 선언하며 헌법재판소에 직접 출석한 것은 그 자체로 현대 한국 정치사에 길이 남을 명장면이었다. 『K-드라마 윤석열』은 바로 그 '정치적 결기'의 서사와 국민과의 신뢰 회복 과정을 포착하고 있다.

나는 이미 여러 차례 밝힌 바 있다. 윤 대통령이 직무에 복귀하는 순간, 그는 정치적으로 완벽하게 부활할 것이나 그렇지 않더라도 정치계에서 압도적인 지위를 차지하게 될 거라고 말이다. 이 책은 그 예고편과도 같은 의미를 가진다. 특히 윤 대통령이 향후 '거대한 시민 변혁 운동'을 이끌어 나가야 할 필연성과 책무를 제시하고 있으며, 그것이 정치적 구호가 아닌, 실제로 가능하고 준비된 방향이라는 점에서 가치가 크다. 『K-드라마 윤석열』은 그 사실을 정치적 감각과 역사적 맥락 속에서 설득력 있게 입증하고 있다.

나는 이 책이 윤석열 개인을 다룬 서사가 아니라, 국민과 국가가 회복해야 할 원칙, 그리고 우리가 어떤 지도자를 중심으로 미래를 개척해 나가야 하는가를 보여주는 뛰어난 기준이 될 수 있다고 믿는다.

『K-드라마 윤석열』은 대한민국의 정의와 상식, 법치와 자유를 회복하기 위한 지성의 기록이다. 역사적 전환기에 처한 우리들이 꼭 한 번은 읽어야 할 책이라고 생각하여, 기쁜 마음으로 추천드린다

# 정치와 안보가 교차하는 지점에서

전옥현

前 국정원 제1차장

『K-드라마 윤석열』은 정치적 서사와 정보전 및 심리전이 얽히고설킨 대한민국 현대사의 한복판을 꿰뚫는 책이다. 정보기관에서 오랫동안 국가 안보를 지켜본 필자 입장에서 볼 때, 이 책은 대한민국이라는 국가 시스템이 안팎으로 어떤 위협에 직면해 있는지를 드러내는 생생한 보고서이자 교훈의 기록이다.

탄핵 정국이라는 특수한 상황에서 윤석열 대통령이 보여준 결기와 대응은 정보전의 영역에서도 흥미로운 분석 대상이다. 특히 대통령이 직접 변론에 나서고, 대국민 담화를 통해 전면에 나선 행위는 정치적 이벤트를 넘어 국민의 직관과 인식을 전환시키는, 일종의 심리 작전이었다고 볼 수 있다. 이 책은 그런 흐름을 면밀히 추적하며 지도자가 국민의 신뢰를 회복해가는 경위를 설득력 있게 서술한다.

『K-드라마 윤석열』은 정보와 여론, 정서와 전략이 실시간으로 충돌하고 맞물리는 가운데, 자유민주주의가 어떤 방식으로 수호될 수 있는지를 묻는다. 특히 최근 젊은 세대의 집회 참여 빈도 증가와 온라인 공간에서의 여론 전환을 분석한 대목은 정보 관점에서도 매우 의미 있게 다가왔다.

윤 대통령이 구속심사에 자진 출석하고, 헌법재판소 변론에도 직접 나선 이례적인 행보는 말 그대로 '정보전과 심리전의 주도권을 대통령이 스스로 쥐겠다는 선언'이었다. 이 같은 정치적 리더십은 국내외 정보기관이 위기 상황에서 가장 먼저 찾는 리더의 조건이기도 하다. 대통령의 언행과 메시지가 하나의 상징이 되고 이를 통해 전반적인 정치 지형이 이동하게 되는 이 드라마 같은 현실을 『K-드라마 윤석열』은 섬세하면서도 강단 있게 정리해냈다.

국가 안보, 정치 전략, 여론 심리, 그리고 헌정 체제의 근간에 관심이 있는 모든 독자에게 이 책을 권하고 싶다. 『K-드라마 윤석열』은 지나간 시절의 기록이 아니라, 앞으로 우리가 맞닥뜨릴 수많은 안보적·정치적 위기에 대한 대응 매뉴얼이 될 것이다. 심규진 교수의 『K-드라마 윤석열』이 자유와 질서, 그리고 민주주의를 사랑하는 이들에게 두고두고 읽힐 교본이 되기를 기대한다.

# 위기의 리더십, 통찰의 기록

박수영

국회의원 | 前 여의도연구원장

『K-드라마 윤석열』은 혼란과 위기의 대한민국 정치사에서 우리가 무엇을 놓쳤고, 또 방향은 어디로 설정해야 할지를 진지하게 묻는 통찰의 기록이다.

필자는 심규진 교수와 여의도연구원에서 함께한 인연이 있다. 당시 우리가 직면한 정치적 상황에 대해 심 교수는 늘 참신하면서도 정확한 분석을 내놓았고, 전략을 수립하는 데 실질적인 보탬이 되었다. 무엇보다도, 정치와 여론, 그리고 시대정신의 흐름을 여느 정치평론가와는 달리 참신하고 통찰력 있게 꿰뚫어 보는 실력자이기에 이 책 역시 단순한 에세이가 아닌 '길을 짚어주는 나침반'과 같은 유익한 도구가 아닐까 싶다.

『K-드라마 윤석열』은 윤석열 대통령의 계엄령과 탄핵, 그리고 정치적 부활이라는 여정을 통해 대한민국이 지금 마주하고 있는 정치적 시험대를 정면으로 응시하고 있다. 작가는 위기에 봉착했을 때 어떤 리더십이 필요하며 국정의 동력은 어떻게 회복될 수 있는지에 대한 모범 답안을 제시하고 있다.

심 교수의 가장 큰 장점은 균형감 있는 시각과 신선한 관점이다. 기존의 정치 평론이 다소 편향되거나 반복적인 담론에 머무르곤 하지만, 이 책은 넓고 깊은 시야에서 대한민국의 현재와 미래를 통찰하고 있다. 그래서 『K-드라마 윤석열』은 정치에, 기존 정치권에, 기성 정치 평론에 답답함을 느끼는 모든 이들에게 더욱더 권하고 싶은 책이다.

정치와 시대를 진지하게 고민하는 국민 여러분께, 심규진 교수의 『K-드라마 윤석열』을 자신 있게 추천한다. 이로써 작금의 대한민국 정치에 대한 변화된 사실에 기반한 대화가 시작되는 계기가 되기를 기대한다.

# 위기를 넘어, 자유 우파가 가야할 길

이철우

경상북도지사

심규진 교수를 처음 만났을 때 정말 보기 드문 인재라는 생각이 들었다. 세계 정치가 변화하고 있는 맥락을 날카롭게 읽어내고 이를 국내 정치와 연결해 해석할 수 있는 능력을 가졌다. 자유를 향한 확고한 신념과 새로운 대한민국을 열어갈 주역인 청년들을 향한 애정도 뜨거웠다. 심 교수는 이번에 집필한 『K-드라마 윤석열』을 통해 변화하는 세계와 새로운 지도자의 등장, 자유 우파의 미래를 말하면서 훌륭한 지식인이자 책사로서의 면모를 보인다.

『K-드라마 윤석열』은 자유 대한민국을 지키기 위해 고군분투한 지도자의 결기와 철학을 생생히 담아낸 책이다. 윤석열 대통령이 비상계엄, 탄핵, 구속심사라는 전례 없는 상황 속에서도 한 치 물러섬 없이 당당히 나선 모습은 모두를 놀라게 했다.

국민들은 이 과정에서 자유민주주의의 심각한 위기를 깨닫게 됐다. 이에 6·25 전쟁 이후 70여년 만에 자유 우파 대중들이 스스로 일어나 반국가세력에 맞서면서 거대한 정치적 물결을 형성하고 있다. 심 교수는 그런 정치적 서사를 냉철하게 정리하면서도 국민이 어떤 선택을 해야 하는지, 국가의 위기 상황에서 어떻게 자유 우파가 시대에 기여해야 하는지를 역설한다.

지금 우리에게 필요한 것은 위기 때 눈치를 보며 움츠리는 엘리트 정치인이 아니다. 어떤 상황에서도 불공정에 당당히 맞서고 문제를 해결해내는 '행동하는 지도자'가 필요하다. 『K-드라마 윤석열』은 자유와 정의, 그리고 책임이라는 이 시대의 가치를 어떻게 실천해야 하는가를 보여주는 리더십의 교과서다.

자유 우파의 종갓집 종손인 경북지사로서, 대한민국을 사랑하는 모든 이들에게 『K-드라마 윤석열』을 추천하며 일독을 권한다. 특히 다음 세대를 이끌 젊은이들이 이 책을 통해 '진짜 정치', '진짜 지도자', '진짜 대한민국'이 무엇인지 느끼기를 소망한다.

# 위기의 시대, 학자의 용기 있는 증언

김민전

국회의원, 경희대학교 교수
前 대통령 직속 국민통합위원회 위원

『K-드라마 윤석열』은 격동의 대한민국 현대 정치사에서 무엇이 무너졌고, 무엇을 지켜야 하는지를 학자의 눈으로 냉정하게 짚어낸 기록이다. 단순한 정세 분석이나 현실 진단을 넘어, 이 시대 보수 우파가 어떤 방향으로 나아가야 할지를 제시하는 귀한 좌표이기도 하다.

심규진 교수의 그간 저작과 방송 활동을 꾸준히 지켜보며 느낀 점은 분명했다. 자유 우파가 위기에 처하고 모두가 침묵하거나 두려움에 물러설 때, 그는 학자의 시대적 책임을 외면하지 않았다. 특히 수십 년간 정치학을 연구해 온 나에게, 심 교수의 데이터 기반 분석과 냉철한 시선, 그리고 기존 틀을 벗어난 남다른 통찰은 단연 돋보였다.

그의 글을 통해 나는 장차 보수 우파의 전략을 설계하고 대한민국의 정상화에 기여할 중요한 '스피커'의 자질과 잠재력을 보았다. 그는 단지 문제를 지적하는 데 그치지 않고, 정치적 당위나 미사여구가 아닌 현실을 직시하며 대안을 모색한다. 이는 지금의 보수 진영이 절실히 필요로 하는 자산이자 브레인이다.

이미 그는 이재명 대표 체제의 더불어민주당이 치닫는 폭주와, 대통령을 지키지 못해 또다시 탄핵의 길로 향했을 때 펼쳐질 전체주의 정치의 위험, 검열과 통제의 제도화가 가져올 후과를 경고한 바 있다. 그 경고는 단지 우려가 아니라, 충분한 근거 위에 세워진 예견이었다.

나와 함께 뜨거운 겨울을 견디며 자유 대한민국을 지키고자 애썼던 국민 여러분께 이 책을 권한다. 『K-드라마 윤석열』은 그 치열했던 겨울을 지나오며 우리가 끝내 지켜내야 할 가치가 무엇이었는지를 되새기게 해줄 것이다. 그리고 우리는 이 책을 통해 다시 한 번, 대한민국을 되살릴 길을 찾게 될 것이다.

# 자유민주주의를 위한 대담한 통찰

김기현

국회의원 | 전 국민의힘 대표

심규진 교수는 대한민국 정치의 본질을 꿰뚫는 통찰력을 지닌 학자다. 복잡하게 얽힌 정치판 속에서도 민심의 흐름을 정확히 읽어내고, 더불어민주당의 정치적 난동과 대한민국 파괴 시도가 벌어지기 이전부터 그 위험을 경고해왔다.

현재 대한민국은 자유민주주의를 지키려는 대한민국 세력과 전체주의적 친북·친중 연합 세력 간의 치열한 체제 전쟁을 치르고 있다. 이재명과 민주당, 우원식 국회의장, 김어준, 민노총 등은 법치와 국회를 무력화시키고 무정부 상태를 조장한 뒤 일당독재 체제를 구축하려는 내란 시도를 벌이고 있다.

이러한 상황에서 심 교수는 학자의 자리에서만 머무르지 않고, 애국시민의 한 사람으로서 용기 있게 목소리를 내왔다. 국민의힘이 내홍 없이 하나로 뭉칠 수 있도록 칼럼과 기고를 통해 전략적 방향을 제시했고, 정당 정치가 광장의 민심을 흡수할 수 있도록 여론을 환기시키는 데도 큰 역할을 해왔다.

나 역시 책임 있는 중진 정치인의 한 사람으로서, 그동안 심 교수가 보여준 학문적 용기와 실천적 지혜에 깊은 고마움을 느껴왔다.

『K-드라마 윤석열』은 단순한 평론을 넘어, 대한민국의 위기를 정확히 진단하고 윤석열 정부의 시대적 사명을 조명한 책이다. 이 책이 자유민주주의를 수호하려는 많은 이들에게 올바른 방향과 확신을 줄 것이라 믿는다.

# 프롤로그

# 기획자 윤석열 PD

## 정치 천재인가, 정치 금쪽이인가

윤석열을 정치적 금쪽이로 볼 것인가, 정치 천재로 볼 것인가? 사실 정치 천재와 정치 금쪽이는 동전의 양면이다. 성공하면 천재, 실패하면 금쪽이다. 그런 면에서 나는 윤석열이 여러모로 노무현과 비슷하다고 생각했다. 기질이 그렇다.

다른 점이 있다면, 노무현은 평생 언더독이었고 울분에 차 있었다. 고졸이라고 무시당했고, 계파적으로도 마이너였다. 운동권에서도 서울대 출신 엘리트 정통이 아니었기에 푸대접받기 일쑤였다. 사실, 노무현은 찐좌파가 아니다.

찐좌파가 아니었기에 '중도'로서 보수에게도 인정받는 대통령이 되고 싶어 했다. 그래서 고건 같은 중도적인 인물을 총리로 선택한 것이다. 상식적이고 합리적이고 중도적인 그런 대통령으로 인정받고 싶었고, 좌파 내의 호남 패권과 토호 카르텔을 깨부수고 싶어 했다. 그러나 그 낭만은 현실적 힘을 잃었다.

노무현이 정치적 힘을 얻은 것은 '죽음', '패배', 그리고 '동정'과 감성팔이였다. 그는 자신의 몸과 목숨을 던지고서야 좌파 진영의 '회개'를 이끌어낼 수 있었다. 그리고 죽음으로서 부활했다. 전형적인 언더독 서사의 교주가 된 것이다. 그 상업적 이득은 문재인과 더불어민주당 진영이 챙겨갔지만 말이다.


## 윤석열과 노무현의 유사성

윤석열은 노무현을 존경한다고 했다. 그는 울음이 많고 술과 음식을 좋아하며 사람을 좋아하는 호인이다. 또 욱하고 급발진하는 고집도 비슷하다. 감정적이고 미친 것 같은데 묘하게 상황을 자기 페이스로 이끌어간다. 여러 가지로 봤을 때 성정은 노무현과 참 비슷한 점이 많다.

또한, 윤석열 역시 용병이고 주류 우파가 아니다. 윤석열 또한 노무현처럼 진영의 계보가 확실한 사람, 찐보수가 아니다. 즉, 진영의 맹주가 아니다. 윤석열은 그래서 한덕수를 선택했다. 노무현이 고건을 선택했듯이.

노무현은 김영삼계였다. 김영삼과 결별하고 중도를 주창하며 좌파로 갔다. 그후 김영삼이 군부 세력을 박살 냈듯, 노무현은 동교동계를 박살냈다. 중도를 표방하며 그는 고건을 총리로 기용하고 한나라당과의 연정까지 외쳤다. 그래도 진영에서는 굴러온 돌로 구박받았고 본인의 이념 성향과 달리 찐좌파의 시조가 되어버렸으며, 비극적 선택은 그를 신화로 만들었다.

윤석열의 욕망도 노무현과 비슷하다. 보수를 넘어서 중도와 좌파까지 아우르는 그런 합리적 대통령. 전두환 전 대통령에게 모의재판에서 사형 선고를 내렸던 김한길 전 의원과 신평 변호사 같은 중도적 인사, 진중권 같은 모두까기 좌파 논평가들의 지지를 받으며, 5·18을 인정하고 광주에서도 환영받는 그런 대통령.

그런데 노무현처럼 그는 진영에서는 용병이라고, 벼락스타라고 시기와 질투의 대상이 되었고 좌파들은 그를 배신자, 독재자로 악마화하며 그의 로망을 실현하지 못하게 했다. 노무현처럼.

노무현은 죽음으로 '비극'을 테마로 삼아 좌파 진영의 (비록 사후지만) 정신적 맹주가 되었다.

보수는 반면 서사가 다르다. 보수는 '힘'을 원한다. 보수는 약자를 원치 않는다. 그래서 윤석열의 서사는 노무현과 비슷함에도 다를 수밖에 없다.

노무현과 달리 윤석열은 좋은 집안에서 태어나 유복하게 자랐고 별다른 콤플렉스가 없다.

약자를 그냥 버리고 강자에 붙는 보수의 속성상, 윤석열이 기댈 것은 '동정심'이 아니라 힘과 리더십이다. 박정희 대통령이 보수 우파의 맹주인 것은 가장 오랫동안 많은 업적을 남기고 강하게 통치했던 지도자이기 때문이다.

## 윤석열의 본능적 리더십과 강점

중도에게도 사랑받는 대통령이 되고 싶었던 윤석열은 권력과 힘에 대한 본능적 감각이 발달한 사람이다. 그가 술주정뱅이다, 무식하다는 식의 마타도어를 하지만, 기본적으로 머리 나쁘고 무식한 사람이 서울법대를 갈 수 있을까? 그래서 그 마타도어는 본질적으로 한계가 있다. 윤석열을 비리, 구태, 구악으로 몰아가려 하지만, 문재인 정권 때 유일하게 고위공직자 1주택 보유 명령에 따라 서울 집을 팔고 수억 손해를 본 '법대로인' 사람인데 어떻게 이기겠는가?

# 맨발로 걸어야 할 때

대한민국은 명백한 체제의 위기 한가운데 서 있다. 대통령과 권한대행을 향한 탄핵 시도는 단순한 정치적 공세를 넘어 헌법 정신과 법치를 흔드는 심각한 위협이 되고 있다. 야권의 일방적인 예산 무력화와 정부 셧다운 시도 뒤에는 국가 혼란을 틈타 개입하려는 친북 세력의 그림자마저 어른거리고 있다.

이러한 위급한 시국 속에서도 국민의힘은 여전히 안이하고 웰빙적 태도를 벗지 못하고 있다. 선거 승리를 위해 일시적인 구호만 외치며 아스팔트 위를 걷지 않고, 하이힐을 신고 편한 길을 선택하려 한다. 그러나 이제는 다르다. 국민은 더 이상 기회주의적 정치인, 상황에 따라 입장을 바꾸는 귀족적 정치인을 원하지 않는다.

현재 윤 대통령은 박근혜 전 대통령 탄핵 당시와는 달리 직접 최전선에서 목숨을 걸고 싸우고 있다. 과거의 굴욕적인 투항이 결국 조롱

과 멸시만을 가져왔다는 교훈을 뼈저리게 깨닫고 있기에, 윤 대통령은
이 엄중한 순간에도 전면에 나서 법치와 헌법적 가치를 지키고 있다.
그의 뒤를 따라 함께 투쟁에 나선 김용현 전 국방장관이나 한덕수 권
한대행의 태도 또한 강직하다. 자신의 소신과 신념을 위해 결단을 내리
고 싸우고 있는 이들에게 국민의힘 정치인들도 이제 맨발로 거리로 나
가 동참해야 한다.

한때 윤석열 대통령 지지율이 계엄 이후 3주만에 30%대를 유지하
고 있다는 사실 자체가 지금 이 상황에서 기적적인 일이다. 대부분의
레거시 미디어가 편파적이고 악의적인 보도로 대통령을 이미 유죄로
단정 짓고 인민재판을 하고 있는 상황에서, 이 정도의 국민 지지는 결
코 가벼이 볼 수 없는 민심의 지표다.

국민의힘이 이제 해야 할 일은 분명하다. 하이힐을 벗고, 편안함을
버리고, 진정으로 국민과 함께 거친 길을 걸으며 이 나라를 지켜내야
한다. 역사적 책임을 외면하고 정치적 이득만을 계산한다면, 국민의힘
은 국민에게 버림받고 역사의 죄인으로 기록될 것이다. 지금은 결단하
고 행동할 때다.

"윤석열은 보수 우파의 수치다."

"보수가 윤에게 뭘 그리 잘못했기에, 이렇게 우파를 망하게 하느냐?"

"탄핵은 8:0 인용될 게 뻔하다."


2024년 12월 말, 계엄과 탄핵 정국 속에서 한국을 잠시 방문했을 때, 나는 이처럼 거센 비난을 주변으로부터 직접 들었다.

왜 윤석열 대통령을 지지하느냐고.

왜 5% 극우 세력의 편에 서느냐고.

왜 현실 감각 없는 고립된 아스팔트 보수에 기대느냐고.


하지만 시간이 흐르면서 마치 기정사실처럼 여겨지던 탄핵 인용은 3월 말이 다 되도록 **아직도 나오지 않고 있다.** 그리고 그 사이, 우리는 대한민국 정치사에 길이 남을 놀라운 반전과 변화의 흐름을 목격하고 있다. 가장 놀라운 점은 바로 이것이다.

2030 세대가 '계엄'을 '계몽령'이라 부르며, 새로운 아스팔트 우파, 디지털 우파의 전위로 등장하고 있다는 사실이다.

전한길이나 그라운드 C 같은 젊은 스피커들이 앞장서고 있으며, 이들은 조갑제, 정규재로 상징되던 낡고 고루한 보수의 프레임을 **완전히 갈아엎고 있다.** 그들은 **글로벌 감각과 자유경제 정신을 갖춘 디지털 의병장들**이며, 더 이상 수세적 보수가 아닌 **공세적 대중우파의 리더들**이다. 윤석열 대통령의 지지율 또한 이러한 흐름을 반영한다.

기존 여론조사에서 약세를 보였던 대통령 지지율은 이제 갤럽 등 주요 조사기관에서도 **35%의 단단한 팬덤층**을 확인할 수 있고, ARS 등 여론조사 및 **실제 현장 체감 지지율은 45~50%에 이르고 있다.**

우리는 지금, 기회주의적이고 보신주의에 젖어 있던 관료형 식물성 우파를 넘어서 **진정한 대중주의와 자유경제, 애국 정신으로 무장한 세대적 결합**, 즉 2030과 6070의 감성적 연대를 윤석열이라는 **정치적 상징 자산**을 중심으로 이루어내고 있다.

이것은 하나의 기적이다.

단순한 정치적 반전이 아니라, **대한민국 정치사의 궤도를 바꾸는 경이로운 사건**이다.

그럼에도 불구하고, 이 책 『K-드라마 윤석열』의 서문에는 먼저, **내 첫 졸저 『73년생 한동훈』을 믿고 기대해주셨던 독자 여러분께 드리는 진심 어린 사과와 반성이 담겨야 한다**고 생각한다.

당시 『73년생 한동훈』에 추천사를 써주신 많은 정치인과 인플루언서분들, 그리고 함께 한 독자분들은 지금 내게 이렇게 묻는다.

"심 교수님은 지금도 한동훈을 지지하시나요?"
"아니면, 이제 그를 배신자로 보시나요?"

특히 한동훈 전 장관이 윤석열 대통령과의 갈등을 공개화하고, 반윤(反尹) 행보에 앞장섰으며, 심지어 이재명보다도 먼저 '내란 자백 프레임'을 대통령에게 씌웠을 때, 나를 포함한 수많은 국민들은 **당혹감을 넘어 깊은 분노를 느꼈다.**

『73년생 한동훈』을 쓸 당시, 나는 그의 정치적 미래가 보수 우파의 가치 확립과 국가 정상화를 위해 쓰이길 진심으로 바랐다. 그러나 지금, 많은 이들이 말한다.

"한동훈은 제2의 유승민·이준석 만도 못하다."
"정치적 생명력조차 바닥났다."

결론부터 말하자면, 나는 그에게 무조건적인 지지를 보낸 것이 아니었다. 오히려 윤석열 대통령과의 '브로맨스' 파트너십을 공고히 함으로써, 그가 **보수 진영과 국가, 대통령, 그리고 자기 자신 모두에게 전략적 시너지를 낼 수 있도록 하자는 희망의 제안**이었다.

그러나 그 시나리오는 **한동훈 본인의 오만과 착각에 의해 산산이 깨져버렸다.**

## 1. 정치적 측면

한동훈은 무죄추정 원칙을 무시한 채, 윤석열 대통령에게 계엄 시도와 내란 혐의를 단정 지었다. 사실 확인 없이, 대통령을 악마화하는 초유의 정치 프레임을 덧씌운 것이다.

홍장원 등으로부터 받은 정보를 교차 확인 없이 수용하고, 대통령의 부인에도 불구하고 '체포조 투입'을 기정사실화했다.

이는 박근혜 대통령 시절 검찰이 보여준 **여론몰이 → 공소장 유출 → 죄목 쌓기 → 낙인찍기**의 방식과 다르지 않다. 그러나 그 칼은 윤석열 대통령에게는 통하지 않았다. 이재명 구속이라는 정치적 성과를 노렸지만, 좌파 언론과 사법부의 방해로 뜻을 이루지 못했고, 급히 비대위원장으로 나서며 '벼락스타'의 조급함과 오만함을 여실히 드러냈다. 결국 존재감을 지키려다 스스로 자멸의 길로 접어들었다.

## 2. 인간적 측면

법무부 장관 시절까지 그는 대통령과 충돌 없이 협력했고, 김건희 여사와도 스스럼없이 교류하던 사이였다. 하지만 김 여사 관련 의혹에는 방어도, 해명도 없이 침묵으로 일관했고, 법무부 장관직을 이용해 자신에게 유리한 인사를 배치하는 데만 몰두했다. 비대위원장이 된 후에는, 윤 대통령의 지지율 하락과 언론의 지지를 등에 업고 스스로 **우파의 대체자**라 착각했다.

독대를 요청하고, 언론에는 '푸대접론'을 흘리며, 김건희 여사의 문자 요청조차 무시하는 등 **인간적 도의와 정치적 예의**를 모두 저버렸다. 김경율 등 반윤 인사들의 대통령 부부 악마화에도 침묵하고, 당원게시판 조작 사건에 대해선 황당한 자기 변명만 내놓았다. 그때부터 지지층의 정서적 이탈은 본격화되기 시작했다.


## 3. 정략적 측면

정치는 냉정한 계산과 복합적 전략이 요구되는 영역이다. 그러나 한동훈은 그런 전략조차 없이, 오직 **자기 착각과 착의된 미래**에 기대어 움직였다. 윤 대통령 탄핵 인용을 기정사실화하며, 대통령 최후 변론이 있던 날, 자신의 책 출판회를 열고 "미래 권력"의 이미지를 포장하는 데 집중했다. 그러나 현실은 반대였다.

탄핵은 교착 상태에 빠졌고, 대통령을 향한 우파 팬덤은 더욱 굳건해졌다. 이제 와서 "윤 대통령께 인간적으로 미안하다"고 말하지만, 자신이 주도한 **내란 프레임**과 정치적 행보에 대해선 모르쇠로 일관한다. **이것이야말로 진짜 정치적 배신자이자 기회주의자의 민낯**이다.

한동훈은 한때 윤 대통령의 오른팔로 개혁의 칼을 함께 들었던 인물이었다. 그러나 지금 그는 그 칼을 대통령에게 겨누었고, 그 순간 자

신의 정치적 생명도 잘라버렸다. 정치는 결국 국민과의 신뢰 위에 서야
한다. 그를 믿고 응원했던 이들이 등을 돌린 이유는 분명하다. **정치적**
**으로 무능했고, 인간적으로 비겁했으며, 정략적으로 나이브했다.**

그리고 지금 대한민국은, 좌파 포퓰리즘 전체주의에 맞설 **강력한**
**스트롱맨 리더십**을 필요로 하고 있다.

나는 『73년생 한동훈』을 쓰면서 그를 찬양하려 했던 것이 아니
다. 오히려 그의 **강남좌파적 기회주의 성향**을 경고하며, 유승민과
이준석의 길이 아니라, **태종의 혹독한 훈련을 견뎌낸 세종의 깊이와**
**품격**을 갖추라고 조언한 것이었다. 그러나 그는 자신이 가장 똑똑하
다는 **착각에 빠졌고,** 진짜 충언 대신 간신들의 사탕발림에 둘러싸인
채, 쓴소리를 외면했다.

나는 여의도연구원에서 윤석열 대통령의 경선 승리, 대선 과정, 그
리고 이준석의 집요한 반윤 행위를 지켜보며 **보수 우파 내부의 갈등**
**과 분열을 뼈저리게 인식**했다. 그래서 『73년생 한동훈』은 단순한 전
기나 찬양이 아니라, **현재 권력과 미래 권력의 충돌을 막기 위한 충정**
**의 메시지였다.** 그러나 그 책을 읽고 한동훈에게 기대를 품었다가 결
국 실망하고 절망하게 된 독자분들께는, **저자로서 막중한 책임감을**
**느낀다.** 그분들께 **깊은 위로와 진심어린 사과**를 드린다.

우여곡절 끝에, 이제 보수 우파의 현재와 미래는 **윤석열이라는 인**
**물**을 중심으로 재구성되고 있다. 그것이 정치적 당위라고 보든, 냉혹
한 현실이라고 보든 말이다.

**정치적 현실을 외면한 당위는 무의미하다.** 따라서 이제는 '정치적 현실'이 된 윤석열을 분석하지 않고, **왜 시대가 윤석열을 선택했는가**를 직시하지 않는 한, 그 어떤 당위적 주장도 현실을 바꿀 수 없다. 지금 대한민국의 정치적 당위는 분명하다. **국가전복 세력과 전체주의적 의회 권력에 맞서, 국가 체제를 지키고 정상화하는 것.**

이 책 『K-드라마 윤석열』은 그 시작부터 "탄핵 인용만은 막아달라"는 절박한 심정으로, 스페인이라는 머나먼 타국에서 홀로 시일야방성대곡(是日也放聲大哭)을 써 내려가며, 국민의힘 의원들에게 "맨발로 아스팔트에 나가 싸우라"고 호소했던 **나, 심규진의 기록이자 외침**이다.

그리고 이 책은, **윤석열이라는 정치적 상징 자산의 부활**을 가장 먼저 예고한 기록이며, 차가운 겨울, 아스팔트 위에서 함께 항전했던 내 또래를 포함 모든 세대 성별 지역을 아우른 의병들의 역사이고, 윤석열이라는 인물이—그를 부정하는 이들조차 부인할 수 없는—하나의 역사적 사건이었음을 증명하는 증언이다.

# contents

# Chapter 01

# 탄핵의 그림자

# 29번째 탄핵, 누가 국가전복세력인가

대한민국은 또 한 번 중대한 헌정 위기 앞에 서 있다. 오늘 국회는 대통령 권한대행인 한덕수 국무총리에 대한 탄핵소추안을 가결했다. 이번 정부 들어 벌써 29번째 탄핵으로, 탄핵이 국가를 흔드는 정치적 도구로 전락해버린 현실을 보여준다.

한덕수 권한대행은 최근 국민께 드리는 말씀을 통해 헌법과 법치를 지키기 위해 헌법재판관 임명 문제에서 여야 합의를 기다리겠다는 입장을 명확히 했다. 그의 이러한 입장은 정치적 편의나 개인적 이익을 넘어 헌법적 질서와 역사적 전례를 소중히 지키려는 공직자로서의 깊은 신념에서 비롯된 것이다.

일각에서는 그의 결정을 두고 재의요구권 행사와 헌법재판관 임명을 연관 지어 비판하지만, 이것은 잘못된 접근이다. 과거 고건 대통령 권한대행과 황교안 대통령 권한대행 역시 비슷한 상황에서 헌법적 원칙과 전례를 존중하며 결정을 내렸다. 이러한 역사적 사례가 말해주듯, 대통령 권한대행의 결정은 안정적인 국정 운영과 헌법 수호의 일관성을 유지하는 데 필수적이다.

현재 우리나라는 비상계엄으로 심각한 혼란과 국민적 실망이 극에 달하고 있다. 이럴 때일수록 정치권은 헌법재판관 충원 문제를 정략적으로 이용하지 말고 진지한 토론과 합의를 통해 문제를 풀어가야 한다. 한덕수 권한대행이 강조한 것처럼 헌법재판관 임명 과정에서의 정치적 합의는 절대적으로 필요하며, 이를 무시한 채 임명을 강행하는 것은 더 큰 혼란을 초래할 뿐이다. 이는 재의요구권이 '국회'의 의사를 묻는 것임과 마찬가지로, 정치적 합의 요구는 다수당의 일방통행을 막기 위해서 꼭 필요한 요구이다.

지금의 혼란과 위기는 결코 대통령 권한대행 개인의 문제가 아니다. 이는 헌법과 법치를 무너뜨리려는 내란적 행위들이 노골적으로 벌어지고 있는 국가적 위기 상황이다. 한덕수 권한대행이 국회의 결정을 존중하며 헌법재판소의 신속하고 현명한 결정을 기다리겠다는 뜻을 밝힌 것은 바로 이 헌법적 위기를 극복하려는 진정한 리더십의 표현이다.

이제 정치권은 헌법과 법치를 수호하기 위한 책임 있는 행동에 나서야 한다. 국가와 국민을 위한 헌신적이고 책임 있는 정치, 바로 지금이야말로 그러한 정치가 필요한 때이다.

# 계엄 속 윤석열 vs 이재명

## 왜 하필 지금인가?

왜 지금, 딱 정권 전반기를 지난 시점일까? 시간은 윤석열의 편이었다는 말은 사실 맞지 않다. 특검 공세와 낮은 지지율은 계속 윤석열 대통령의 발목을 잡을 것이고, 시간이 갈수록 당내 패권도 미래 권력에게 이동할 것이다.

한동훈 전 대표가 윤 대통령에게 탄핵은 막아줄 테니 탈당하라는 것은 바로 자신을 보수의 구심점으로 인정하고 자신에게 투항하라는 이야기나 다름없다. 그러나 지금 타이밍에서 조기대선이 열린다면 이재명이 대통령 될게 뻔하다. 그런데도 한동훈은 윤 대통령에게 "당신은 계엄으로 이미 망가진 몸이고 끝난 인물이니 나에게 권력을 넘기고 생명을 위탁하라"고 요구한 셈이었다.

사실 윤 대통령이 한동훈 전 대표를 미래 권력으로서 인정하고 그에게 의존해 임기를 채우려고 했다면 과연 정치적 자살과 다름없는 계엄을 결단했을까?

## 윤 대통령의 퇴로 없는 결단

주류 언론들은 계엄 이전부터 내내 인기 없는 윤석열을 조기 고려장하고 한동훈 전 대표 체제로 전환해야 보수가 살 수 있다고 계속적으로 주장했다.

윤 대통령으로서는 퇴로가 막힌 셈이다. 하산길로 몰려 야당과 친한계에게 생명 연장을 구걸하는 식물 대통령이 되느니, 마지막 통치 권한인 계엄을 통해 자신의 정치적 생명을 걸고, 보수 내 아젠다를 탄핵과 자신에 대한 재신임을 물은 셈이다.

노무현이 거듭된 노골적 선거 개입 발언을 하고, 추미애·조순형이 이끌던 민주당을 골나게 했을 때도 추미애는 대통령이 사과를 하면 "탄핵은 안 할게"라고 이야기했었다. 노 대통령은 끝내 사과 거부로 탄핵을 자초했고, 대통령이 부적절한 발언을 했고 또 현행법에도 위반이지만 이게 탄핵 사유가 되느냐며 거대한 역풍으로 정국을 장악한 것이 연상된다.

여튼, 실패하면 탄핵 익스프레스이지만, 죽을 때 죽더라도 하루라도 대통령으로서 할 수 있는 최대한의 통치, 힘을 보여주는 길을 택한 것이다.

사람들은 도파민에 흥분한다. 명태균 이슈도, 당 게시판 이슈도, 김건희 여사 이슈도 이제 계엄으로 묻혔다. 모두 탄핵으로 묻혔다.

나는 줄곧 탄핵 전선과 개헌으로 윤석열이 전선을 치며 버텨야 한다고 했는데 시간이 지나면 탄핵 전선은 지지층에게 약발이 안 먹힌다. 계속된 특검 공세에 힘빠진 권력이 되어 고려장될 뿐이다. 그래서 윤대통령은 자기 자신을 미끼로 던지고 지금 모든 아젠다를 '윤석열 대 탄핵'으로 전선을 그어 집어삼킨 것이다.

## 사람들은 강한 리더에 반응한다

사람들은 또 전에 없던 신박한 것, 특이한 것에 열광한다. 계엄하면 사람들은 유혈사태를 떠올리지만 이번 계엄은 오히려 평화적으로 아무런 유혈충돌이 없었기에 더 화제가 됐다. 처음엔 3시간 천하네 뭐네 하면서 조롱이 됐지만, 이제 세계 최초의 노구속, 노구금, 노유혈의 평화적 계엄이 되었다.

뿐만 아니라, 미 대선에서 트럼프의 압도적 미국 대선 승리는 사람들의 정서를 상당히 바꾸었다. 사람들은 센 리더에 열광하고 힘에 반응한다.

트럼프가 국회의사당 진입 사건으로 폭도들을 선동했다는

죄로 기소됐고 많은 사람들이 그 사건을 기점으로 트럼프를 떠났다. 그 사건으로 실제 많은 트럼프의 지지자들이 총에 맞아 죽어나갔다. 쿠데타를 하던 사람들, 김재규와 그 부하들, 그리고 12·12의 주역들은 가족들에게 유서를 써놓고 나갔다고 한다. 윤석열이 자기 정치적 생명과 물리적 생명까지 "목숨을 걸었다"는 사실 때문에 지지층들은 이 정치적 천재—혹은 광인—혹은 금쪽이에게 애증의 감정을 강제 투자하게 된다.

윤석열은 공모자 없이 거의 단독으로 계엄을 결단했다. 윤석열은 박근혜 탄핵 때 수사 검사였다. 박근혜 탄핵 정국은 상당히 고통스러운 장기전이었다. 보수 진영으로서는 최악의 사화였다. 청와대에 들어갔던 사람들은 말단 행정관까지 핸드폰이 탈탈 털렸고 수많은 정치 자원들이 전과자가 되거나 집행유예가 되어 사화에 쓸려나갔다.

윤석열은 모든 것을 단독적인 기획으로 끝내려고 했던 것 같다. 비서실장도 총리도 내각도 그리고 모든 비서관 행정관들도. 일이 잘못되면 혼자 다 떠안고 가려고 했던 것 같다.

윤석열의 승부가 어떤 식으로 결말이 날지는 모르겠다. 그러나 분명한 건 윤석열은 무언가를 하지 않으면 자신이 죽을 수밖에 없는 타이밍에 자신이 할 수 있는 최대한의 것을 자신의 모든 것을 걸고 결단했다는 것이다. 그리고 그 결과가 조롱이든, 실패든, 미친 짓이든, 성공이든 그건 윤석열이니까 할 수 있었던 일일 것이다. 그에 대해 반신반의했던 찐보수들은, 그리고 그를 지지했던 사람들 중 많은 누군가는—아스팔트 태극기 부대가 아니라도, 혹은 다수가 아닌 소수라도—그의 진심을 이해하고, 그의 고독한 결단에 대해 응원하고 있다는 것이다. 그리고 그 응원의 강도는 전례 없이 강하다는 것도.

## 잠룡들의 계산

윤석열이 정치적 자살을 각오하고 계엄이라는 수를 던지자, 여권의 잠룡들은 계산기를 두드리기 바빠졌다. 지금 탄핵을 시키면 나의 대권 가도에 무슨 이득이 될까? 그래서 속내는 신속히 탄핵이됐으면 좋겠지만, 군더더기 생각이 많아진다. 아마 배신자 프레임에 정치 생명이 사실상 끝나버린 유승민 김무성의 모습도 아른아른 거릴 것이다.

어떤 이들은 윤석열이 '전략'이 있었으면 지난 이년 반 동안 이 모양이겠냐고들 한다. 그렇지만 정치적 '전략'은 계산이나 잔머리 굴리기와 다르다. 일년 내내 '전략'을 가동하면 그건 그냥 꾀돌이 잔머리 재수없는 기회주의자일 뿐인 거다. 무엇보다 정치라는 영역에서는 내가 손해 보지 않을 수를 굴리며 거래를 계산하는 자들은 모든 것을 다 걸고 미친 듯이 덤벼드는 놈을 이기지 못한다. 그가 당장 죽든 죽지 않든 간에.

# 찰스 1세의 유령

찰스 1세는 영국 역사에서 최초로 의회에 의해 탄핵되고 참수된 왕이었다. 흔히 사람들은 프랑스 혁명이나 명예혁명을 잘 알고 있지만, 사실 유럽 최초로 의회가 절차에 따라 왕을 처형한 사례는 바로 찰스 1세였다. 이전에도 왕이 암살되거나 살해당한 사례는 많았지만, 공식적인 절차를 통해 국민의 대표인 의회에 의해 처형된 사례는 없었다. 이 사건은 프랑스 루이 14세 시대보다 약 200년 전에 벌어진 일로, 영국 사회가 질서 있는 민주주의 합의로 나아갈 수 있는 토대를 마련한 중요한 사건이었다.

찰스 1세가 처형당할 때 그는 매우 의연하게 죽음을 맞이했다. 이후 영국은 크롬웰의 군부 독재를 경험하게 된다. 크롬웰은 공화정을 세웠으나 결국 김일성, 김정일과 같은 세습을 시도하며 공포 정치를 펼쳤다. 이러한 경험은 영국 사회로 하여금 오히려 왕정 복고를 갈망하게 만들었다. 결국, 찰스 1세의 아들인 찰스 2세가 프랑스 망명 생활을 마치고 영국으로 복귀할 때 국민들은 "주상 만세"를 외치며 환호했다. 이것은 그 당시 영국 사회가 급진적 공화주의 독재자를 겪으며 시행착오를 통해 질서 있고 안정된 자유민주주의로 나아가는 길을 닦았음을 상징적으로 보여준다. 그 결과 오늘날까지 영국은 입헌군주제를 유지하며 왕정을 존속시키고 있다.

이후 찰스 1세는 왕실의 존엄을 지킨 순교자로 명예회복이 이루어졌고, 당시 그의 처형에 가담했던 자들은 모두 처형되었다. 이러한 역사적 교훈은 지금 우리 보수 우파 진영이 박근혜 대통령 탄핵 사태를 겪으면서 새삼 깨닫게 된 부분과 맥락이 닿아 있다. 즉, 우리가 어떤 상황에서도 존엄과 명예를 지켜야 한다는 것이다.

현재 우리 정치권을 살펴보면, 국민의힘 의원들도 과거의 잘못된 태도를 조금씩 깨달아 가고 있는 듯하다. 특히 나경원 의원 등 몇몇 의원들의 최근 변화된 모습에서 이를 확인할 수 있다. 한동훈 의총 사건을 계기로 원내 세력과 장외 세력 모두 민심의 중요성과 배신자의 결말을 다시금 인식하게 되었다. 민심은 결국 변하며, 신뢰를 잃는 순간 정치적 생명 또한 위태롭다는 교훈을 확실히 배운 것이다.

지금 국민의힘의 분위기는 확실히 과거와는 달라졌다. 개인적으로 소통하는 몇몇 정치인들은 대부분 상당히 신중한 성격을 가진 사람들이다. 그런데 이번 상황만큼은 모두가 이례적으로 확고한 입장을 취하고 있다. 분명해진 것이 있다면, 우리 모두가 이번 탄핵을 막아내야 한다는 하나의 목소리를 내고 있다는 점이다. 이제는 누구도 공개적으로 탄핵에 찬성하거나, 탄핵이 옳다는 주장을 펼치지 못할 만큼 당내 여론은 이미 굳어졌다.

지금 국민의힘이 마주한 선택지는 두 가지다. 하나는 먼저 항복하는 것인데, 그렇게 되면 명예도 잃고 결국 비참하게 끝나버린다. 다른 하나는 끝까지 버티며 싸우는 것이다. 국민의힘이 민심을 다시 설득할 수 있는 기회는 오직 후자의 경우에만 열려 있다. 민심이라는 것은 정치적 대의를 가진 결사체가 버티고 싸울 때 비로소 움직이기 시작하는 것이기 때문이다. 당내에서도 이같은 공감대가 폭넓게 형성되고 있는 것으로 보인다.

최근 국민의힘에서 의원 90명이 탄핵에 반대하며 한 목소리를 냈던 것이 중요한 의미를 가진다. 지난 박근혜 정권 당시와 비교했을 때, 지금의 친한계 세력은 중심을 잃고 이미 사실상 붕괴 상태다. 당시에는 일부 의원들이 이탈해 별도의 세력을 형성할 수 있었지만, 현재는 김예지 의원과 같이 스스로 비례대표 국회의원직을 지키기 위해 출당을 요청할 정도로 결집력 자체가 무너진 상태다.

90명이라는 숫자는 결코 작은 숫자가 아니다. 홍준표 시장이 과거 김대중 전 대통령이 90석으로 정권교체를 이뤘다고 언급했듯, 지금의 국민의힘도 흔들리는 18명을 견인하여 충분히 새로운 전선을 구축하고 버틸 수 있는 진지를 확보한 상태라고 나는 믿는다. 우리는 지금 마치 낙동강 전선에서 새로운 진지를 세우고 전투에 나설 준비를 하는 병사들과 같다.

하지만 여전히 해결되지 않은 문제가 있다. 계엄 해제에 동참했던 18명, 그리고 배현진 의원까지 포함해 19명의 의원들, 여기에 친한계로 분류되었던 십여 명의 의원들이 아직 남아있다. 다만 장동혁, 주진우 의원 같은 사람들이 윤 대통령 쪽으로 돌아섰기 때문에 사실상 원내 친한계는 이미 붕괴되었다고 봐야 한다.

문제는 이들 의원들이 다시 친윤계로 완전히 흡수될 것인지, 아니면 별개의 세력으로 따로 움직일지의 여부다. 이미 의원총회에서 서로 삿대질하며 배신자라는 험한 말까지 주고받았던 이 상처가 단기간에 쉽게 봉합될 가능성은 매우 낮아 보인다. 나는 그들이 다시 쉽게 하나의 그룹으로 융합되긴 어렵다고 본다.

그럼에도 지금 가장 중요한 것은 국민의힘 내에 명확한 구심점이 존재한다는 사실이다. 그 구심점이 바로 이번에 똘똘 뭉친 90명의 의원들이다. 이들 중에는 과거 박근혜 대통령 탄핵 당시 탄핵 찬성의 입장에 섰거나 언론의 공격에 휘둘렸던 사람들도 분명히 있다. 그런 이들이 지금 이렇게 단단하게 결속된 모습은 매우 인상적이고도 놀라운 일이다.

원내를 이끌고 있는 핵심 중진 의원들의 경우, 평소 신중한 언행을 보이는 인물들이지만, 이번 탄핵 문제에 대해서는 깊은 분노와 확고한 입장을 보이고 있다. 설사 계엄이 무리하거나 논란이 될 소지가 있다고 해도, 대통령의 선한 의지와 본래의 의도는 결코 도외시할 수 없다는 공감대가 형성되었다. 오세훈 시장도 언급했듯, 계엄을 촉발시킨 근본적인 원인은 바로 야권의 폭주라는 점에서, 우리는 더욱더 물러설 수 없는 상황에 놓였다.

이제 주류 정치인들에게도 확실한 전선이 그어졌다. 다음 대선이나 어떤 정치적 상황이 발생하더라도 이 노선은 분명히 구분될 것이다. 이제 국민의힘 주류 정치인들 중 어느 누가 나서서 공개적으로 탄핵에 찬성한다고 말할 수 있겠는가? 이제 우리의 목표는 미래로 나아가는 것이다. 특히 이재명을 상대해야 하는 국민의힘 입장에서, 이 당에서 당대표가 되고 대선 후보가 되고자 한다면, 김문수 장관이나 이철우 지사, 김기현, 나경원, 윤상현 의원처럼 탄핵을 반드시 막아야 한다는 인식이 공유되고 있다.

요즘 국민의힘 내에서 대통령을 공격하는 목소리는 현저히 줄었다. 집권 여당인 국민의힘이 대통령을 공격하면서 중심을 잡는 것은 있을 수 없는 일이다. 예를 들어 더불어민주당에서 노무현 전 대통령에 대해 부정적인 표현을 사용하는 사람은 없으며, 오히려 비리 혐의로 자기 진영에서도 버림받고 비극적인 선택을 한 인물임에도 정치적 영웅으로 추앙하고 있다. 우리는 좌파를 겪으면서 그들과는 달라야 한다는 선비적 태도를 버리고 현실적으로 대응해야 한다고 느끼게 되었다. 원래는 좌파의 강압적이고 파시즘적인 특성 때문에 좀 더 젠틀해 보이고 합리적으로 보이는 우파로 전향한 사람들이 많았다. 그러나 지금은 우리가 고상하게 철학적 담론을 논할 때가 아니라, 전투적으로 대응해야 하는 시기임을 분명히 깨닫게 되었다. 오히려 뒤늦게 전향한 분들이 이런 현실을 더 분명히 인식하고 있지 않나 싶다.

좌파 진영은 '개싸움 운동 본부'와 같은 과격한 명칭을 내걸며 적극적으로 싸움을 걸고 있는데, 우리가 그런 상황에서 온건하게 포용을 이야기하면 오히려 패배주의를 부를 뿐이다. 상대 진영이 전투적으로 무장하고 있는데, 우리 진영이 무방비 상태로 웃으며 악수하려 하면 안 된다. 동등한 힘을 갖추고 있어야만 비로소 협상이나 공존도 가능하기 때문이다.

예컨대 좌파 진영에서 정치를 시작했던 조정훈 의원 같은 인물도 초기에는 외부에서 온 인물이라는 이유로 의심받았고, 다소 좌파적인 발언을 하기도 했으나, 최근 그의 행보는 확실히 기조가 바뀌었다. 조의원은 과거처럼 보수가 강력하고 주류일 때는 생각이 다른 사람들도 포용이 가능했지만, 지금은 상황이 다르다는 것이다. 현재는 거의 내전 상황처럼 더불어민주당이 폭주하고 있고, 내각을 무력화하고 탄핵을 반복하며 판사들을 협박하고 있다. 입법 독재를 통해 사실상 반국가적 행동을 하

고 있는 현 상황에서, 좌파의 극단적 아젠다를 포용할 여유는
더 이상 없다고 판단하는 것이다.

혹자는 계엄령 이후에서야 여러 가지 문제가 터져 나온 점
에 대해 '만시지탄'이라고 표현했는데, 사실 나도 그런 생각이
든다. 내가 보기에 윤석열 대통령이 운이 좋았던 건, 이번 계엄
자체가 상당히 허술하고 무계획적이며 우발적으로 보였음에도,
본인의 예상을 뛰어넘는 일들이 벌어졌다는 것이다. 일종의 '판
도라의 상자'를 열게 된 셈이다.

계엄령을 통해 사실상 모든 사회적 갈등과 문제점이 표면 위
로 드러났다. 예를 들면, 대통령 본인은 페미니즘이나 여가부
폐지 문제, 반페미 같은 이슈에 특별히 관심이 있어서 계엄령을
내린 건 아니었겠지만, 이 일로 인해 사회 곳곳에서 장외 전선들
이 형성되었다. 이건 마치 일본군이 조선을 점령했을 때, 사람들
이 일본군의 횡포에 저항하며 자발적으로 들고 일어난 상황과
비슷하다고 생각한다. 그 사람들이 모두 조선왕조를 옹호한
건 아니지만, 점령군에 대한 반발로 의병들이 스스로 나섰던 것
과 비슷한 양상이다.

다만, 일제 강점기나 친일 문제에 대해 나의 견해를 밝히자
면, 우리나라의 근대화에 대해 이야기할 때 자꾸만 좌파 진영
이 그 논리를 극우나 친일로 몰고 가는 경우가 있다. 나는 그
런 태도가 매우 잘못되었다고 생각한다. 극우라는 것은 본래 배

타적 민족주의나 국가주의를 의미하는데, 식민지를 거치면서 서구식 근대화를 받아들였다는 역사적 사실을 말하는 것이 친일이나 극우가 될 수는 없다.

조선시대는 노비제가 있었던 봉건사회였고, 일본은 우리보다 먼저 개화를 하고 서구적인 근대화를 받아들였기 때문에 당시의 적지 않은 지식인들은 우리도 그런 근대화를 해야 한다고 믿었던 것이다. 김옥균 같은 지식인들이 갑신정변을 일으킨 것도 그런 맥락에서 이해해야 한다. 그 당시 지식인들은 조선 왕조가 더 이상 희망이 없다고 판단했기 때문에 러시아든 중국이든 일본이든 외부의 힘을 통해서라도 근대화를 이루려 한 것이지, 일본의 제국주의를 찬양하려고 했던 게 아니다.

실제로 근대화 과정에서 국가 개념이 형성된 사례는 필리핀이나 동남아시아에서도 쉽게 찾을 수 있다. 그들은 서구 열강의 식민지 지배를 겪으며 독립운동을 벌이는 과정에서 국가라는 개념 자체를 형성하게 된 것이다. 이런 역사적 사실을 인정하는 것이 곧 친일이라는 식의 단순한 논리로 공격하는 것은 오히려 글로벌리즘에 반하는 국수주의적 사고방식이다.

스페인의 경우에도 나폴레옹이 스페인을 점령했을 당시 우리의 일제강점기와 비슷한 현상이 나타났다. 당시 스페인은 카톨릭 중심의 봉건사회였고, 북유럽이나 중유럽 국가들에 비해 근대화가 늦었다. 그래서 당시의 스페인 지식인 중 일부는 카톨

릭적이고 봉건적인 질서에 염증을 느끼고 있었고, 오히려 외부에서 들어온 나폴레옹의 계몽주의 사상에 동조하여 프랑스의 식민 지배를 옹호하기도 했다. 그렇다고 해서 그들을 매국노라고 할 수는 없는 것이다. 하지만 결과적으로 나폴레옹의 점령군이 실제로 스페인을 지배하게 되자 사람들은 자신들이 이론적으로 동경했던 계몽주의가 결국 점령군에 의한 압제일 뿐이었다는 현실을 깨닫고 민중 봉기를 일으켜 다시 왕정복고 운동을 하게 되었다.

이처럼 역사 속에서 근대화나 계몽주의 같은 사상을 단순히 옳고 그름이나 친일, 반일 같은 흑백 논리로 판단하는 것은 위험하다. 현재 우리 사회에서도 비슷한 혼란과 오해가 반복되고 있다.

스페인 왕가가 민중들의 왕정복고 운동으로 다시 망명에서 돌아왔던 역사를 생각하면 지금 미국에서 나타나고 있는 현상과 비슷한 점이 있다. 나는 미 대선에서 트럼의 압도적 당선을 유사한 맥락으로 보고 있다. 트럼프는 그동안 레거시 미디어에 의해 철저히 악마화되었고, 의회 폭동 사건 이후엔 펜스 부통령, 그러니까 윤석열 대통령 입장에서 한동훈 장관 같은 측근 인물에게 배신당하며 정치적으로 완전히 고립되었다. 심지어 딸 이방카까지 그를 떠났고, 트럼프 정치 생명의 핵심이었던 트위터와 페이스북 계정도 1~2년간 정지당하는 등 거의 초토화된 상황이었다. 윤석열 대통령으로 치면 용산의 수석과 비서관들이 모두 떠난 것과 비슷한 상황이다.

하지만 트럼프가 다시 대통령이 되는 모습을 보면서 나는 결국 레거시 미디어가 민중의 삶을 의제화하는 것을 외면하고 자신들만의 귀족 놀음이나 공자왈 맹자왈 하는 이야기만 하며 시대상을 포착하는데 실패했다고 판단했다. 즉 트럼프 현상을 만들어낸 건 레거시 미디어의 오만과 오판 그리고 민중들의 현실적 열망이었던 것이다.

트럼프는 그동안 꾸준히 부정선거 문제를 제기해왔는데, 이번에 윤석열 대통령이 '부정선거'라는 트리거를 건드리자, 정치에 관심 없던 사람들까지 흥미를 느끼기 시작했다. 윤 대통령은 원래 대중적 인기가 높지 않았고, 반(反)PC와 같은 선명한 전선을 세우지도 않아 이대남 팬덤이 없었다. 반면, 선명한 반PC를 주창한 트럼프에게는 젊은 남성층 팬덤이 어느 정도 형성되어 있었다. 그런데 이번 탄핵 정국을 계기로 그 트럼프 팬덤이 점차 윤 대통령 쪽으로 상당 부분 옮겨가기 시작한 것이다.

흥미로운 점은, 원래 미국 정치를 다루던 유튜버들까지 이번 이슈에 참전하면서 '의병'처럼 활동을 시작했다는 것이다. 사실 미국 주식이나 부동산 투자 같은 경제 콘텐츠를 주로 다루던 유튜버들은 그동안 정치적 이야기를 거의 하지 않았다. 특히 보수 성향 인사들은 정치적 색깔을 드러내는 것이 득 될 게 없다는 판단 아래, 실용적이고 실익 중심의 길을 묵묵히 걸어온 경우가 많았다. 그런데 이번 사건을 계기로 이들마저도 적극적으로 정치적 담론에 뛰어들고 있다.

나훈아 선생님은 이재명의 민주당 폭거를 비판했다가 좌파들의 집중 공격을 받았다. 또한 장민호, 장윤정 같은 아티스트들도 명시적인 발언은 없었지만, 좌파들에게 부당한 공격을 당한 후배 임영웅에 대한 변함없는 지지를 보인 것이 간접적으로나마 임영웅의 "침묵할 권리"를 지지한 것 아니냐는 인상을 주기도 했다. 또한 JK 김동욱, 최준용, 최국, 강원래 등 연예계 인사들이 적극적인 탄핵 반대 발언 및 행보를 하면서, 연예계 전반의 분위기에도 변화가 생겼다. 여기에 아이유와 뉴진스 같은 대형 스타들이 탄핵을 지지하는 듯한 행보로 논란에 휩말리며 사건은 더욱 커졌다.

나는 이런 흐름을 보며 윤석열 대통령에게는 항상 '귀인(貴人)'이 따르는 것 같다는 생각을 하게 되었다. 만약 아이유나 뉴진스가 연루되지 않았다면, 이번 이슈는 금세 묻혔을지도 모른다. 그러나 이들의 등장으로 이대녀들이 관심을 보이자, 이대남들은 더욱 적극적으로 반응하며 'CIA 신고' 같은 밈을 만들어내고 있다. 'CIA 신고'가 실질적인 효과가 있을지는 별개의 문제지만, 젊은 층은 상대를 조롱하고 희화화하는 '재미'에 더욱 치중하는 경향이 있다. 계엄으로 촉발된 탄핵 정국의 정치 콘텐츠가 대중 속으로 본격 진입한 순간이었다.

그 와중에 또 천조국파랭이라는 유튜버가 또 한 번 아이유를 공격을 했다. 흥미로운 점은 이 공격이 상당히 먹혔다는 거다. 그후 아스팔트 집회에서 연예인들이 나서는 경우가 상당 부분 사라졌다. 결국 정치적 효능감이라는 건 특별한 게 아니다. 그냥 재미가 있으면 통하고, 통하면 계속 먹힌다. 예컨대, 대부분의 중도층, 정치 무관심층의 이목을 끄는 것은 부정 선거라는 실체가 진짜 있느냐 없느와 같은 진지한 담론이라기 보다는, 제기된 의혹들이 사람들 사이에 흥미를 끌며 빠르게 퍼지고 있다는 사실이다.

최근에 차강석이라는 뮤지컬 배우가 보수 진영에서 굉장히 중요한 목소리를 내고 있다. 이 배우 또한 직장을 잃고 좌파에게 계속 공격받는데, 정말 보수 우파가 지켜줘야 하는 젊은이라고 생각한다. 하지만 그동안 보수 진영은 이런 사람들을 제대로 지키지 못했다. 오히려 좌파 진영이 공격하면 그냥 방관하는 식이었다. 좌파 시민들은 무슨 일이 터질 때마다 무조건 입장 발표를 요구하는데, 그때마다 보수 진영 사람들은 제대로 대응하지 못했다. 왜냐하면 좌파는 기본적으로 잃을 게 없어서 김정은식 '벼랑 끝 전술'을 쓰는데 보수는 반대로 잃을 것이 많아 강력하게 나오기가 어렵기 때문이다.

그런데 최근에 윤 대통령이 정치적으로 일종의 화염병을 던진 셈이 되었고, 보수 진영이 크게 각성하기 시작한 것 같다. 사람들이 이제야 '우리가 정말 지킬 게 많구나' 하는 것을 깨달았다.

베네수엘라처럼 나라가 망하면 우리 모두 끝장이고, 미국 같은 데로 도망갈 수도 없다는 현실을 보게 된 거다. 지금 싸우지 않으면 박근혜 정권 탄핵 이후보다 더 심각한, 문재인 정권보다도 더 냉혹한 상황을 겪을 수 있다고 느끼기 시작한 것이다.

그래서 최근 들어 많은 사람들의 톤이 바뀌고 있다. 예전에 계엄이 잘못되었다고 생각하고 탄핵에도 찬성했던 사람들이 '그럼에도 불구하고 지금은 이재명을 막는 게 맞다'는 방향으로 프레임이 바뀌었다. 왜냐하면 좌파 진영이 너무 심하게 사람들을 내란 선동 세력이라고 몰아붙이니, 조용히 침묵하던 사람들마저 반감을 품기 시작한 것이다. 결국 이런 상황이 계속되니 임영웅 씨 같은 인물에게도 사람들이 더욱 감정 이입을 하게 되는 상황이 되었다.

한 변호사의 채널을 본 적이 있는데, 그 변호사도 예전에 계엄에 반대했고 박근혜 탄핵 때는 직접 거리로 나가기까지 했던 사람이다. 그런데 이제 와서 돌아보니 자신이 완전히 속았다는 걸 깨닫고 후회한다고 한다. 박근혜를 몰아내고 나니 문재인 정권의 5년이 너무나도 끔찍했던 것이다. 그는 향후 20년 동안 다시는 민주당을 찍지 않겠다고 다짐까지 했다고 한다. 그러니까 결국 중요한 건 탄핵이나 계엄 문제가 아니라 지금 급하게 막아야 하는 건 중공군처럼 몰려드는 좌파 세력, 특히 이재명을 중심으로 한 세력을 막는 것이라는 걸 확실히 깨달았다는 이야기다.

지금 민주당이 이용하려 했던 정치적 광풍의 실체가 점점 사람들에게 드러나고 있다. 심지어 한덕수 총리마저 탄핵한다고 나서고 있는데, 민주당이 이렇게 선택의 여지를 없애고 극단적인 방식으로 압박하는 건, 스스로 이미 승기를 잡았다고 믿기 때문이다.

이런 상황이 계속된다면, 사람들은 결국 '아, 이 정도면 정말 비상사태구나, 계엄을 선포할 만했네'라는 생각을 할 수도 있다. 시간이 갈수록 보수층 내부의 여론이 변하게 될 거다. 이제는 한덕수 총리도 버틸 수밖에 없는 상황이다. 윤석열 대통령과 한덕수 총리가 무너지면 용산에 있는 비서실장이나 참모들까지 모두 무너지기 때문이다. 지금 전선의 최전방에 대통령이 서 있고, 대통령이 앞에 나서고 있다는 것이 정말 중요한 변화다. 이것이 바로 가장 큰 차이점이다.

지금 보수 내에서 나오는 '윤석열 대통령을 빨리 손절하고 질서 있는 퇴진을 준비해야 한다'는 식의 주장은 정말 현실성이 없는 소리다. 이미 상황은 그렇게 될 수 없다. 윤석열 대통령을 손절하면, 그것은 민주당이 주장하는 대로 내란 선동이나 탄핵의 공범임을 스스로 인정하는 꼴이 되어 버린다. 한덕수 총리나 김용현 장관, 그리고 국민의힘 의원들 모두 똑같은 상황에 처해 있다. 더불어민주당은 이들에게 내란 수괴의 공범이라는 딱지를 붙였고, 결국 이들에게 주어진 선택지는 단 두 가지다. '예스냐, 노냐', 굴복하거나 끝까지 싸우는 것뿐이다. 그런데 지금 보수 진영이 자발적으로 굴복할 수는 없으니 버티는 수밖에 없는 것이다.

이미 한동훈 전 대표는 의총에서 "제가 계엄했습니까?" "제가 탄핵 투표했습니까?"와 같은 무책임한 발언을 하면서 리더십을 잃고 당내에서 축출된 상태다. 이제는 그는 다른 당으로도 갈 도 없는 상황이 되어 버렸다. 국민의힘 내부에서는 탄핵과 관련된 자동적인 합의가 이루어진 셈이다. 흥미로운 점은 윤 대통령을 가장 강하게 공격하고 죽이려 했던 사람이—한동훈이나 이재명—오히려 윤 대통령을 돕는 귀인 역할을 하게 된다는 점이다. 상황이 이런 식으로 전개되는 것이 정치의 묘한 역설이라고 본다.

그들이 윤 대통령을 쉽게 죽이려고 했던 그 자만심과 욕심이 예상치 못한 결과를 만들었다고 생각한다. 갑자기 뉴진스가 왜 정치적 싸움에 뛰어들었는지 의아해하는 사람들이 많다. 돌이켜 보면 이 상황의 전사는 이미 있었다. 이른바 '동덕여대 사건' 같은 전조가 존재했던 것이다. 철없는 이대녀들의 행동에 대해 사회적인 반감이 고조된 상황에서 소속사와의 분쟁 속에 이미지가 악화된 뉴진스가 탄핵 정국에 참전한 것은 분명히 조급한 욕심 때문이었다고 본다.

뉴진스가 이번 탄핵 찬성에 나선 이유는 아마도 그들 입장에서 탄핵 찬성 여론이 박근혜 탄핵 때처럼 90~100%에 가깝다고 착각했기 때문일 것이다. 마치 '오필승 코리아' 같은 압도적인 분위기가 형성된 줄 알고, 정치적 이슈에 편승해 잃었던 팬층을 되찾으려 했던 것 같다. 하지만 이 판단은 명백한 오판이었다. 뉴진스가 탄핵을 찬성한다고 해서 탄핵 찬성자들이 갑자기 뉴진스의 팬이 되는 것도 아니고, 오히려 일반적인 사람들은 뉴진스가 민주당의 앞잡이 노릇을 하고 있다고 인식하기 시작했다.

문제는 더불어민주당이 여전히 대중들이 쉽게 휩쓸릴 거라고 생각하는 좌파적 사고에 빠져있다는 점이다. 뉴진스 역시 이번 기회를 통해 이른바 '개념 연예인'이라는 타이틀을 얻고 싶었겠지만, 결국은 좌파의 화력에 편승해 하이브와의 싸움에서 우위를 점하려 했던 전략일 뿐이었다. 그러나 그 결과 뉴진스에 대한 부정적인 여론이 오히려 윤석열 대통령과 국민의힘 진영에 유리하게 작용하는, 이른바 '3쿠션 효과'가 발생했다.

과방위 출석부터 일방적인 계약 파기까지, 뉴진스가 이대남이나 일반 대중들에게 밉상으로 찍힌 배경에는 이미 이런 복잡한 전사들이 존재하고 있었다. 윤석열 대통령을 특별히 좋아하지 않았던 사람들에게도, 뉴진스의 이런 행보가 윤석열 대통령 쪽으로 긍정적인 역풍을 일으킨 것이다. 특히 'CIA'라는 표현이 일종의 놀이 문화가 되어버렸다. 좌파는 이대녀를 동원해서 '선결제' 운동 등을 펼치며 스스로를 '유쾌한 분노'라고 포장했지만, 정작 이대남과 디지털 문화권에서는 이를 조롱하며 '유쾌한 놀이'로 만들어버렸다.

결국 윤 대통령이 의도하지도 않았던 이 문화전쟁에서 예상치 못한 우군이 생겼고, 이것이 그의 지지율 상승에 기여하게 된 셈이다. 윤 대통령 본인은 구국의 결단으로 진지하게 계엄을 선포했겠지만, 결과적으로 그것이 '유쾌한 조롱'과 '유쾌한 놀이'의 대상이 되면서 뜻밖의 긍정적 효과를 거둔 것이다.

# 김봉식, 진실을 폭로하다

김봉식 전 서울경찰청장이 지난 12·3 비상계엄 당일 언론사를 향한 단전·단수 지시 문건과 관련해 "전혀 기억이 없다"고 증언했다. 이는 윤석열 대통령 탄핵심판 과정에서 이슈가 되었던 '언론 탄압' 논란에 중대한 의미를 갖는 발언이다.

애초 국회 측은 계엄 당일 정부가 언론사를 통제하기 위해 단전과 단수를 지시했다는 의혹을 제기하며, 이를 '헌법 파괴적 행동'으로 몰아가고자 했다. 그러나 김 전 청장의 이번 증언으로 인해 당시 경찰과 소방청 등 현장 대응 기관이 그런 문건을 접하거나 협조 요청을 받았다는 사실 자체가 의심스러워졌다.

이상민 전 행정안전부 장관은 "대통령실에서 단전·단수 용어가 적힌 문건을 얼핏 봤다"고 했지만, 김 전 청장은 이를 뉴스 보도를 통해서만 알았다고 명확히 선을 그었다. 이 증언들은 당시 현장과 정부 부처 간의 정보 혼선 또는 일부 세력이 만들어낸 '과장된 주장'의 가능성을 시사한다.

언론의 자유는 민주주의 국가의 근본이다. 이를 위협하는 단전·단수와 같은 강제적 조치는 어떤 이유로도 용납될 수 없으며, 그것이 사실이었다면 강력한 처벌이 필요하다. 그러나 김 전 청장의 증언으로 당시 계엄의 혼란 속에 진실과 왜곡이 뒤섞였을 가능성이 다시 떠오른다. 계엄 선포의 정당성과 윤석열 대통령 탄핵 여부를 판단하기 위해선, 근거 없는 주장이나 정치적 공세가 아닌 객관적이고 확실한 증거에 의존해야 한다는 점을 잊어서는 안 된다.

이번 사건을 계기로 헌법재판소는 물론이고, 정치권과 언론 모두 진실을 밝혀 국민이 제대로 된 판단을 내릴 수 있도록 책임 있는 태도를 보여야 할 것이다.

## 조지호의 증언

헌법재판소에서 열린 윤석열 대통령 탄핵심판 10차 변론에 증인으로 출석한 조지호 경찰청장의 증언 또한 현재 탄핵심판의 핵심 쟁점과 관련된 중요한 의미를 담고 있다.

조지호 청장은 비상 계엄 선포 당시 경찰의 대응과 관련된 여러 논란에 대해 증언했지만, 중요한 사안에 대해서는 일관되게 구체적인 답변을 피했다. 그는 계엄 선포 이전 경찰 내부에서 비상 계엄 관련 특별한 정보 수집이 없었다고 밝혔고, 대통령이 경찰에게 "국회 통제를 잘해달라"는 말을 했다는 주장에 대해서도 확답을 하지 않았다.

또한 조지호 청장은 대통령이 김봉식 서울경찰청장과의 전화 통화에서 초동대처를 칭찬하며 격려했다고 증언했으나, 국회의원 출입 제한이나 체포 지시와 관련된 대통령의 구체적인 명령 여부에 대해서는 공소사실과 관련되었다며 답변을 회피했다. 이는 현재 탄핵심판에서 가장 민감한 부분 중 하나로, 대통령의 직접적인 지시 여부가 대통령의 법적 책임 판단과 직결되는 사안이기 때문이다.

조 청장은 또한 비상 계엄 당시 경찰이 국회 출입을 일시적으로 허용했다가 다시 통제한 경위에 대해서도 "공소 사실에 포함되어 있다"며 구체적 설명을 피했다. 그는 경찰의 국회 배치는 질서 유지와 시민 안전을 위한 것이라고 강조했으며, 대통령이 국회의원을 직접 체포하라고 명령했다는 주장에 대해서는 분명히 인정하지 않았다.

그의 증언 태도에서도 중요한 시사점이 드러났다. 조 청장은 검찰 수사 과정에서 건강이 악화되었고, 상당한 압박을 받았다고 주장했다. 이는 경찰 내부에서 실제로 대통령의 명령이 구체적이고 강압적으로 이루어졌는지에 대한 의구심을 남긴다. 또한, 대통령의 "종북 좌파 세력" 관련 강경 발언이 실제 경찰의 행동으로 이어졌는지도 불분명하게 남았다.

종합적으로 볼 때, 이번 조지호 경찰청장의 헌재 증언은 대통령의 법적 책임과 관련된 핵심적인 쟁점에서 결정적인 증거를 제공하지는 않았지만, 동시에 대통령의 직접적인 지시 여부가 모호하게 남아 있어 향후 탄핵심판 판결 과정에서 여전히 중요한 변수로 작용할 가능성이 크다.

# Chapter 2

## 기울어진 디케의 저울

# 헌재, 길을 잃다

헌법재판소는 단순한 사법기관이 아니다. 헌법의 최고 수호자로서 국민의 기본적 인권 보장과 헌법적 가치를 지켜내야 하는 막중한 책임이 부여된 기관이다. 그러나 최근 대통령 탄핵심판 과정에서 헌법재판소가 보여준 태도는 그러한 본연의 책무를 제대로 인식하지 못하고 있음을 드러낸다.

헌법재판소법은 예단을 막기 위해서, 재판이 끝난 경우가 아니면 재판기록이나 수사기록을 받지 못하게 되어 있다. 또 탄핵심판에 형사소송법을 준용하도록 규정하고 있으며, 이는 형사소송법상의 증거법칙을 엄격히 적용해야 한다는 뜻이다. 형사소송에서의 전문법칙, 무죄추정의 원칙, 위법수집증거배제 법칙 등은 인권 보호와 실체적 진실 발견을 위한 법적 원칙으로 오랜 시간 정립된 것이다. 또 문재인 정권 때 검찰 조서의 증거능력은 피고

인이 법정에서 인정할 때만 증거로 사용될 수 있다고 형사소송법을 개정한 바 있다. 그러나 헌법재판소는 이처럼 중요한 원칙을 무시한 채, 단지 '신속한 심리'라는 명분만을 앞세워 졸속심리를 벌이고 있다.

대표적인 사례가 조지호 경찰청장에 대한 조사 과정이다. 조 청장은 구속된 상태에서 혈액암으로 병세가 악화되어 면역력이 극도로 저하된 상태였다. 그런데도 검찰은 13일간 무려 8차례, 총 47시간 이상에 걸쳐 병실에 찾아가 조사를 강행했다. 의식조차 온전치 못한 환자를 상대로 얻어낸 진술이 얼마나 신빙성을 가질 수 있겠는가? 이런 진술이 헌법재판소에서 버젓이 증거로 채택된다는 사실은 인권 보장의 기본 원칙이 완전히 무시되고 있음을 의미한다.

또한 헌법재판소의 심리 진행 방식에서도 공정성을 찾아보기 어렵다. 대통령측 변호인이 증인신문을 하고 있을 때 재판장이 일방적으로 제한된 시간을 이유로 질문을 제지한 사건은 심각한 문제다. '3분만 더 질문하겠다'는 변호인의 요청에 "돌아가십시오", "재판을 마치겠다"는 식의 일방적 대응은 심리의 공정성을 훼손하는 명백한 사례다.

특히 이번 심판에서는 핵심 증인들이 공개된 법정에서 수사기관에서의 진술을 번복했음에도 불구하고, 국회측 대리인은 기존의 수사기록만으로 충분하다는 어처구니없는 주장을 펼쳤다. 이는 사실상 밀실에서의 조서가 공개된 법정의 증언보다 우선한다는 논리로, 헌법재판소가 이를 묵인한다면 심리의 공정성을 스스로 포기하는 것과 같다.

헌법재판소는 국민의 신뢰를 잃으면 존재할 이유가 없다. 법원의 신뢰는 공정한 심리와 정치적 중립성에서 나온다. 지금 헌법재판소가 신속심리라는 미명 아래 기본권을 희생시키고 졸속으로 결론짓는다면 그 신뢰는 회복하기 어렵게 될 것이다. 헌법재판소는 이제라도 헌법기관으로서의 존재 이유를 다시 돌아보고 심리의 공정성과 증거법칙 준수라는 대원칙을 엄중히 지켜야 할 것이다.

# 졸속 심리의 덫

헌법재판소가 윤석열 대통령 탄핵심판 과정에서 변론기일을 일방적으로 지정한 것은 절차적 위법성을 넘어 정치적 공정성을 훼손한 행위로 비판받아 마땅하다. 탄핵심판은 형사소송에 관한 법령을 준용하도록 헌법재판소법이 명시하고 있으며, 형사소송규칙 또한 변론기일을 일괄 지정할 때 검사, 피고인 또는 변호인의 의견을 반드시 청취해야 함을 분명히 하고 있다. 그런데도 헌법재판소가 이 절차를 무시하고 일방적으로 기일을 정한 것은 피청구인의 방어권을 심각하게 침해한 것으로 볼 수밖에 없다.

대통령 탄핵심판은 단순한 법적 판단을 넘어 국가와 사회 전체에 엄청난 영향을 미치는 중대한 정치적 결정이다. 더욱이 국민의 직접 선거로 선출된 대통령에 대한 탄핵심판은 극도의 신중성과 엄격한 심리 기준이 요구된다. 그러나 헌법재판소가 신속성만을 강조하며 피청구인의 방어권을 제한하고 있는 지금의 심리 진행 방식은 탄핵제도 본래의 취지를 정면으로 위배하는 것으로 보인다.

다른 정치인들의 사례와 비교하면 이 불공정함은 더욱 뚜렷해진다. 이재명 민주당 대표의 경우 공직선거법 위반 혐의로 이미 1심에서 피선거권 박탈형을 받았음에도 불구하고 항소심 일정조차 정치적 일정에 따라 지연되는 등 수개월 이상 법적 심판이 미뤄지고 있다. 윤미향 전 의원이나 조국 전 의원 등도 비슷한 방식으로 재판을 지연시키며 정치적 활동을 계속하고 있다. 이들의 방어권 보장은 철저히 존중받는 반면, 대통령의 탄핵심판에서만 지나치게 엄격한 신속성이 적용되는 것은 형평성 차원에서도 받아들이기 어려운 일이다.

미국, 프랑스 등 외국의 탄핵제도와 비교할 때 한국은 지나치게 쉽게 탄핵이 가능한 구조를 가지고 있다. 미국의 탄핵은 정치적 성격이 강하고, 프랑스는 사실상 탄핵이 불가능할 정도로 엄격하다. 반면 우리는 대통령이 거의 의미가 없는 존재인 독일처럼 신중과 공정을 외면한 채 너무 쉽게 탄핵소추가 이루어지고 있다.

헌법재판소가 지금과 같은 졸속 심리를 계속한다면 탄핵심판

결과의 정당성과 신뢰성에도 중대한 의문이 제기될 수밖에 없다. 헌정질서 수호라는 본연의 책무를 다하기 위해서라도 헌법재판소는 지금이라도 방어권 보장을 비롯한 절차적 공정성을 확실히 확보해야 한다.

탄핵심판의 본질은 속도가 아니라 공정성과 신중성이다. 헌법재판소의 일방적이고 성급한 심리 진행이 정치적 공정성을 훼손하지 않도록, 다시금 심각한 성찰이 필요하다.

# 문형배의 위험한 기억력

최근 헌법재판소장 권한대행인 문형배 재판관이 2010년에 작성한 블로그 글을 뒤늦게 수정한 사실이 알려지면서 정치적 논란이 불거졌다. 그의 블로그에 올라온 홋카이도 여행 기행문에 원래 없었던 짧은 해명이 추가된 것이다. 문제는 이 해명에서 당시 존재하지 않았던 정당인 '국민의힘'이 언급되었다는 점이다.

2010년 당시 문형배 재판관은 부산지방법원 부장판사로서 지역 선거관리위원장을 겸직했다. 그의 기행문은 "선거관리위원회 사람들과 3박 4일 일정으로 홋카이도 여행을 다녀왔다"는 내용으로 시작된다. 그러나 최근 추가된 해명 부분에 "비용은 각자 부담했고, 내가 위원장으로 있을 때 국회의원과 구청장 선거에서 국민의힘 후보가 당선되었다"는 문장이 들어가면서 논란이 시작되었다. 당시에는 국민의힘이라는 정당 자체가 없었기 때문이다.

국민의힘은 2020년에 미래통합당이 개명한 이름으로, 2010년 당시 존재했던 한나라당과는 명백히 다르다. 이로써 문 대행이 최근 정치적 상황이나 비판 여론을 의식해 자신의 과거 글을 수정한 것 아니냐는 의혹이 강하게 제기되었다.

더욱 심각한 것은 문형배 재판관을 비롯한 헌법재판소의 다수 재판관들이 과거 지역 선관위원장 출신이라는 사실이다. 최근 윤석열 대통령이 주장한 부정선거 의혹과 관련해, 현재 재판관들의 과거 이력이 공정성을 의심받고 있는 상황에서 문 대행의 이러한 행보는 불필요한 의혹을 더욱 증폭시켰다.

국민들은 자연스럽게 다음과 같은 의문을 품게 된다. 왜 아무도 질문하지 않은 비용 문제를 갑자기 해명했는지, 왜 굳이 최근 정당명을 사용해 자신의 글을 수정했는지, 그리고 그가 이런 세부 사항을 어떻게 14년 만에 정확히 기억하고 있는지 말이다.

결국, 문형배 재판관의 이번 논란은 단순한 실수를 넘어 헌법재판소와 선관위의 공정성에 대한 심각한 의구심을 제기하는 계기가 되었다. 헌재와 사법부, 그리고 선관위의 정치적 독립성에 대한 국민적 불신을 더욱 깊게 하는 일이다. 문 대행은 이 논란에 대해 반드시 명확한 해명을 해야 할 것이다.

# 공수처의 '영장 쇼핑' 스캔들

최근 윤석열 대통령 변호인단이 폭로한 고위공직자범죄수사처(이하 공수처)의 '영장 쇼핑' 사건은 대한민국의 법치주의 근간을 흔드는 심각한 문제를 드러냈다. 공수처는 서울중앙지법에서 압수수색 및 체포영장이 세 차례나 연속 기각되자 이를 숨기고 관할권조차 모호한 서울서부지법에 다시 영장을 청구하여 결국 발부받았다.

구체적으로, 공수처는 2024년 12월 6일과 12월 10일, 그리고 12월 20일에 중앙지법에서 각각 영장 청구를 기각당했다. 그러나 공수처는 이를 밝히지 않고, 12월 30일과 2025년 1월 7일 서울서부지법에서 체포영장을 발부받았으며, 1월 19일에는 구속영장까지 발부받았다. 공수처는 이러한 비정상적인 행위에 대해 "대통령 관저가 서울서부지법 관할이기 때문"이라고 주장했으나, 이는 사실과 달랐다. 실상은 공수처장 오동운과 서울서부지법의 특정 판사들(이순형, 신한미, 차은경)을 포함한 '우리법연구회 카르텔'이 조직적으로 개입한 결과였다. 이러한 사건은 법원의 독립성과 공정성을 크게 훼손하고 대한민국 사법체계의 신뢰성을 뒤흔드는 일이다.

더욱 심각한 문제는 공수처의 이러한 행위가 명백한 형사범죄의 성격을 띤다는 점이다. 첫째, 허위 공문서 작성 및 행사죄는 공무원이 직무상 작성한 문서에 허위 내용을 기록하거나 이를 행사한 경우 7년 이하의 징역 또는 금고형에 처해질 수 있는 중대 범죄이다. 둘째, 직권남용죄는 공무원이 자신의 직권을 남용하여 다른 사람의 권리 행사를 방해하거나 의무 없는 일을 하게 한 경우 적용되는 죄로, 최대 5년 이하의 징역형에 처해질 수 있다. 셋째, 불법 체포 및 감금죄는 공무원이 불법적으로 사람을 체포하거나 감금한 경우 10년 이하의 징역형에 해당하는 중범죄이다.

특히, 대통령 체포 과정에서 법원의 영장 기각 사실을 은폐하고 다시 부당한 방법으로 영장을 발부받은 뒤 이를 집행했다는 점은 명백한 불법 체포 및 감금에 해당한다. 더 나아가, 법원과의 조직적인 공모 정황이 확인될 경우에는 헌정질서를 위협하는 행위로서 내란죄의 구성 여부까지도 따져볼 수 있는 심각한 사안이다.

이번 사건은 단지 절차적 위반을 넘어, 권력을 남용한 조직적인 범죄일 가능성이 매우 높다. 따라서 신속하고 철저한 수사를 통해 모든 진상을 밝히고 관련자들의 법적 책임을 엄중히 물어야 한다. 이는 대한민국의 법치주의와 민주주의를 수호하기 위한 최소한의 요구이다.

# 흔들리는 헌재 판결

헌법재판소의 윤석열 대통령 탄핵심판 선고를 앞두고 한국일보가 뜻밖의 보도를 내놓았다. 윤 대통령에 대해 부정적인 논조를 유지해온 언론사라는 점에서 더욱 눈길을 끄는 보도였다. 요지는 간단하지만 중대하다. 고위공직자범죄수사처(공수처)가 윤 대통령만을 피의자로 적시한 압수수색 영장을 서울중앙지법에 청구했으나, 법원이 발부하며 "형사소송법 110조(군사상 비밀 장소 압수수색 제한)를 준수"라는 단서를 붙이자, 이를 피하기 위해 사흘 뒤 서울서부지법으로 관할 법원을 옮겨 다시 윤 대통령의 체포영장을 청구했다는 것이다.

문제의 핵심은 공수처가 법원 선택을 통해 유리한 조건을 찾아다녔다는 소위 '영장 쇼핑' 의혹이다. 지난해 오동운 공수처장은 국회에서 "피의자가 여럿이고, 그중 주소지가 강남구인 피의자도 있어 서울중앙지법을 선택했다"고 해명했다. 그러나 이번 보도에 따르면 서울중앙지법에 청구된 영장에는 오직 윤 대통령만이 피의자로 명시되어 있었다. 오 처장의 국회 증언이 거짓일 가능성이 높아졌다는 이야기다.

더욱 심각한 것은 서울서부지법이 '군사상 비밀 장소'를 규정한 형사소송법 110조의 예외를 자의적으로 달아 체포영장을 발부했다는 점이다. 중앙지법이 군사상 비밀 장소의 중요성을 엄격히 적용한 반면, 서부지법은 법조문에도 없는 예외 조항을 만들어가며 영장을 내줬다는 의혹이 짙어진 것이다. 이로 인해 공수처와 법원의 공정성 논란이 다시 불붙을 가능성이 크다.

이미 윤 대통령 변호인단은 이 문제를 적극 활용해 공수처의 위법성을 강조하며 탄핵심판에 대한 대응 강도를 높이고 있다. "공수처의 영장 쇼핑은 명백한 위법이며, 체포영장 자체가 원천무효"라는 논리를 전면에 내세우고 있는 것이다. 이는 헌법재판소의 판단에도 심각한 영향을 줄 수밖에 없다. 특히 법치주의와 절차적 정당성을 강조해온 헌재가 공수처의 이 같은 위법 논란을 무시하기는 어려울 것이다.

한국일보의 이번 보도는 그 자체로도 의미가 있다. 탄핵심판 직전에 기존의 부정적 논조에서 벗어나 윤 대통령 측의 주장을 뒷받침하는 사실을 보도한 것은 단순한 변화가 아니라,

헌재 판결에 미칠 파장을 충분히 고려한 것으로 보인다.

이제 시선은 헌법재판소에 쏠린다. 공수처의 무리한 '영장 쇼핑' 의혹이 탄핵심판 판결의 결정적인 변수가 될지 주목해야 할 시점이다. 헌재는 단순한 정치적 갈등 해결을 넘어서서, 법 치주의의 근본 가치를 수호하는 판단을 내려야 한다.

# 분노한 시민, 무너지는 사법부

2025년 2월 16일 국민의힘 의원 36명이 헌법재판소를 집단 항의 방문한 사건은 정치적 긴장감이 최고조에 이른 현 시국을 극명하게 보여주는 장면이었다. 여권 의원들이 직접 나서서 헌법재판소 앞에서 항의 기자회견을 한 것은 사법부에 대한 정치권의 불신과 대립이 이제 돌이킬 수 없는 지경에 도달했음을 의미한다.

이날 현장에서는 헌재 담장에 근조 화환이 수십 개가 놓였고, 도로 맞은편에서는 윤석열 대통령 지지자들이 "빨갱이 재판관 체포하라", "윤석열을 석방하라"와 같은 극렬한 구호를 외치는 등 긴장감이 감돌았다. 특히 'STOP THE STEAL'이라는 구호가 등장한 점은 미국 우파들의 정치행태를 연상시키며, 이번 사태의 정치적 갈등이 한층 과열되고 있음을 상징적으로 보여준다.

김기현 의원은 이날 발언에서 헌법재판소가 재판의 공정성을 스스로 훼손했다고 비판했다. 그는 무죄추정의 원칙, 방어권 보장, 전문증거 배제 등 형사소송법상 중요한 원칙들이 탄핵심판 과정에서 지켜지지 않았다고 지적했다. 또한 대통령 변호인단과 협의 없이 변론 기일을 일방적으로 지정하거나, 내란죄 혐의를 철회하도록 유도하는 등 헌재가 정치적 편향성을 노골적으로 드러냈다고 주장했다. 더불어 대통령 탄핵심판은 속전속결로 밀어붙이면서, 한덕수 전 권한대행에 대한 심판은 차일피일 미루고 있는 헌재의 이중적인 태도도 강하게 비판했다.

나경원 의원 역시 헌법재판소의 절차 운영과 소송 지휘가 객관적이고 공정한 법적 양심에서 벗어나 정치적으로 편향되어 있다고 비난했다. 그는 헌법재판소가 법치주의를 존중하며 정치적 이해관계를 떠나 헌법 수호의 역할을 본연대로 수행할 것을 촉구했다.

여당 의원들은 헌재에 대해 ▲형사소송법 준용과 불법 증거 배제 원칙 준수 ▲한덕수 전 대통령 권한대행 탄핵 심판의 우선적 처리 ▲마은혁 관련 권한쟁의 심판 즉시 각하 등 세 가지를 촉구했다. 특히 문형배 재판관에 대한 사퇴 요구와 함께 "대한민국 법치를 파괴하는 헌법재판소는 각성하라"라는 구호를 외치며 헌재의 공정성 회복을 강력히 요구했다.

이번 헌법재판소 항의 방문 사건은 단순한 정치적 공방을 넘어 사법부의 신뢰 자체가 위협받고 있음을 의미한다. 정치적 갈등이 사법부의 독립성을 흔드는 방향으로 전개된다면, 앞으로의 국가 운영과 헌법적 질서의 유지가 심각한 위기에 처할 수도 있음을 여실히 보여주는 사례다. 여야 정치권과 헌재 모두 이번 사태를 단순한 일회적 충돌로 치부하지 말고, 대한민국의 법치주의와 헌법 질서를 지키기 위한 진지한 자기 성찰과 책임 있는 행동이 필요하다.

# Chapter 3

# 한동훈의 오판

## 73년생 한동훈의 착각

『73년생 한동훈』, 처음 이 책이 나왔을 때만 해도 분위기는 매우 뜨거웠다. 그런데 이내 곧 상황은 완전히 달라졌다. 마치 꽃이 피어나려는 순간 뿌리가 잘린 것처럼, 윤한갈등이 깊어지면서 한동훈에 대한 지지세도 또 책에 대한 관심도 도아동반 하락세가 뚜렷했다.

사실, 한동훈 장관이 크게 착각한 부분이 바로 여기에 있다. 그의 인기는 스스로 만들어낸 것이 아니라 윤석열 대통령이라는 뿌리에서 비롯된 것이었다. 그런데 그는 자신이 마치 홀로 설 수 있는 존재인 양, 잎이 무성한 가지의 풍성함만 보고 뿌리를 무시했다. 결국, 뿌리에서 떨어져 나가니 시들어 버릴 수밖에 없는 것이었다.

이 책을 많은 정치인들이 선물로 받았다는 사실을 나는 잘 알고 있다. 흥미롭게도, 이 책에서 가장 많은 관심을 받은 부분은 바로 대통령에 관한 내용이었다. 주요 정치인들 중 상당수가 이 책을 꼼꼼히 읽고 내게 연락을 해 올 정도로 많은 관심을 보였다. 그래서인지 이 책의 가치는 여전히 유효하다고 믿는다. 윤석열 대통령 정권이 제대로 된 길을 찾으려면 여전히 참고할 만한 내용이 많이 담겨있기 때문이다.

본래 『73년생 한동훈』은 여의도 연구원의 박수영 원장으로부터 의뢰 받은 총선 전략 프로젝트에 기반한 것이었다. 지지자들의 희망을 담아 '세대교체'를 마케팅 포인트로 하여 대중서로 발간한 것이었다. 당시의 목적은 명확했다. 김어준과 586 세력의 민낯을 드러내고, 보수 진영이 어떻게 청년층을 끌어들일지, 그리고 어떻게 단결해야 할지를 제안하는 것이었다. 지금 봐도 그 전략들은 여전히 유효하다.


## 레거시 미디어의 영향력은 시들었다

최근 들어 광화문에서 열리는 자유우파 국민들의 집회가 언론에서 제대로 다뤄지지 않았던 것도 사실이다. 하지만 이제 상황은 바뀌고 있다. 연합통신이 마침내 광화문 탄핵 저지 집회에 모인 사람들이 탄핵 찬성 집회보다 많다고 보도하기 시작했고, 이것은 중요한 변화의 시작이라고 본다.

더욱이 최근 조중동 절독 운동이 뜨겁게 번지는 것을 보며, 나는 이것이 한국만의 현상이 아니라고 생각한다. 전 세계적으로 레거시 미디어는 종말을 맞고 있다. 사람들은 더 이상 무조건적으로 레거시 미디어를 신뢰하지 않기로 결심한 상태다. 박근혜 전 대통령이 겪었던 비극을 통해 사람들은 이제 레거시 미디어가 내놓는 소식을 언제든 의심할 준비가 되어 있는 것이다.

그렇기에 정부도 가짜뉴스에 대해 더욱 적극적이고 빠른 대응을 해야 한다고 나는 주장하고 있다. 특히 김용현 장관이 옥중에서까지 가짜뉴스에 맞서 싸우고 있는 모습은 많은 이들에게 힘을 주고 있다. 이미 대중들은 가짜뉴스에 대한 면역력을 갖췄다. 이제 중요한 것은, 레거시 미디어의 영향력이 과거와 달리 현저히 줄어들었다는 사실을 인식하고, 새로운 미래를 준비하는 것이다.

8년 전, 대한민국은 마치 온 나라가 막장 드라마의 한복판에 서 있는 듯했다. 당시 '최순실' 혹은 '최서원'이라는 인물을 둘러싼 논란은 드라마보다 더 드라마틱했다. 가짜뉴스와 선정적인 이야기들이 혼합되어 국민의 눈과 귀를 현혹했고, 시청률 높던 막장 드라마처럼 사람들의 관심을 독차지했다. 그때는 박근혜 대통령을 끌어내리기 위해 주변 인물들까지 모두 철저히 조사하고 흔들어 놓았다. 청와대와 정부 인사들의 휴대폰은 물론이고 심지어 인터넷 방문 기록까지 샅샅이 뒤졌다. 사람들은 두려움에 빠져 스스로 몸을 낮추고 뿔뿔이 흩어졌다.

그러나 지금 상황은 전혀 다르다. 윤석열 대통령은 과거와 달리 사건 초기부터 정면에 나서며 책임을 홀로 짊어지고 나섰다. 대통령 스스로 "나의 목을 먼저 따라"며 단호하게 중심에 서니, 예전처럼 주변 인물들이 쉽게 흔들리지 않았다. 오히려 초기 충격에서 벗어난 사람들이 다시 정신을 차리고 복귀하고 있었다. 내가 여의도연구원에 근무할 때 만난 박근혜 청와대 출신 인사들의 증언에 따르면, 당시와 달리 지금은 윤 대통령과 김용현 장관이 자신의 정치적 생명과 명예를 걸고 중심을 잡아주면서 다른 인사들이 보호받는 효과가 생겼다고 한다.

이번 사태의 중심에는 김용현 장관이 있었다. 사람들은 박근혜 정부 때처럼 그도 압박을 받으면 돌아설 것이라고 예상했지만, 그는 가장 충성스럽게 대통령 곁을 지키며 감옥에서까지 투쟁을 이어가고 있다. 바로 이 점이 지난 탄핵 때와의 가장 큰 차이이다.

당내에서도 처음에는 두려움과 걱정이 컸다. 내 주변 정치인들은 "이번에도 주리를 틀면 다들 돌아설 것"이라고 예상했다. 수사와 탄핵의 압박이 너무나 거셀 것이라는 우려도 많았다. 하지만 나는 이들에게 강조했다. 이번만큼은 대통령을 중심으로 단일대오를 형성하고 지켜내야 한다고. 윤석열 대통령이 법과 탄핵 문제에 있어서는 이미 전문가 수준의 경험과 지식을 갖추고 있는 만큼 당은 대통령을 믿고 자신들의 역할을 다해야한다고 말했다.

여기에 더해 지난 8년과는 민심도 언론의 지형도 크게 달라져 있다. 그때는 보수우파가 조중동이라는 기성 언론에 크게 의존 했지만, 이제는 민심이 좀 더 다양한 채널과 목소리를 통해 움 직이고 있다. 그리고 무엇보다, 대통령 자신이 직접 깃발을 들고 싸우겠다는 결연한 태도를 보이며 분위기를 완전히 바꾸었다는 점에서, 나는 지금의 변화가 기적적이라고까지 생각한다. 이번 탄 핵 심판을 앞두고 당황하는 것은 오히려 상대 진영이다. 그들은 지난 번처럼 손쉽게 승리를 가져갈 수 없음을 깨닫고 있다.

## 디지털 의병장의 출현

다른 대안 미디어가 없던 시절, 우리는 조선일보 같은 거대 레거시 미디어가 하는 말을 들으면, 마음 한구석에서 '아니겠 지'라고 의심하면서도 결국은 그들의 말을 그대로 받아들였 다. 싸울 용기나 엄두가 나지 않았던 것이다. 그런데 문재인 정 권 이후, 고성국 박사나 전옥현 전 국정원 차장처럼 대안 미디 어의 역할을 확실히 해내는 채널들이 하나둘 자리를 잡고, 점 차 보수 진영의 구심점으로 우뚝 서게 되었다.

나는 이 현상을 '디지털 의병장들의 출현'이라고 표현하고 싶다. 예전엔 레거시 미디어가 소리 높여 떠들면 기가 죽었던 보 수 우파들이 이제는 자신들의 목소리를 내기 시작한 것이다. 보수 우파가 과연 얼마나 많을지 스스로도 깨닫지 못했던 사람들이 각자의 분야에서 일상을 살아가고 있었다. 종교인은 종교 채널을, 부동산 전문가나 재테크 전문가는 각각 자신들의 채널을 운영하며 정치와는 어느 정도 거리를 두고 있었다.

그런데 탄핵이라는 절박한 위기 앞에서, 이 사람들이 자신들의 일상에서 나와 전선에 합류하기 시작했다. 이유는 분명했다. "이재명이 되면 베네수엘라처럼 된다"는 현실적인 위기의식 때문이었다. 사람들은 이미 문재인 정권 5년 동안 많은 것을 배웠고, 더 심각한 상황을 맞닥뜨리고 싶지 않았다. 이러한 절박감에서 이들은 마치 의병장이 전쟁에 뛰어들 듯 정치적 전선에 나섰다.

특히 기억에 남는 건 도시계획을 주제로 채널을 운영하던 한 유튜버였다. 그는 본인의 채널에서 처음으로 조회수 10만을 넘긴 영상이 "대통령 탄핵은 반드시 막아야 한다"는 주제를 다뤘다고 밝혔다. 이런 현상은 8년 전과 확연히 달라진, 훨씬 더 커진 전선을 보여주는 것이었다.

얼마 전 보건사회연구원의 여론 조사 결과를 접했는데, 흥미로운 수치가 있었다. 스스로를 우파라고 생각하는 국민이 40%, 좌파라고 생각하는 국민이 22%였다. 중도는 한때 53%까지 올랐다가 현재는 38%까지 떨어졌다. 이는 중도라고 생각했던 사람들이 최근 현실을 겪으며 스스로 우파로 전환했음을 뜻했다.

이런 통계를 보면 외국에서 지켜보던 내 입장에서는 더욱 이해가 되었다. 한국 사람들은 본래 우파적 성향을 가지고 있고, 우리 세대는 미국이나 일본과 같은 나라에 호감을 느낀다. 그런데도 많은 이들이 민주당에 표를 던지는 이유가 궁금했다. 주변 친구들에게 물었더니 흥미로운 답이 돌아왔다. 그들은 민주당을 사실상 '우파'라고 여겼다. 민노당이나 진보당을 좌파로 규정하면서 민주당을 중도 또는 중도 우파로 생각하고 있었다. 국민의힘은 오히려 권위주의 군사정권의 후예로 극우라고 인식했다. 문화적 세뇌가 얼마나 강력한지 알 수 있었다.

흥미로운 건, 그렇게 민주당을 지지하는 내 친구들이 미국의 트럼프를 지지하고 좋아한다는 점이다. 트럼프가 집권하자 한국 언론은 더 이상 트럼프를 극우라고 하지 않는다. 결국 한국에서 국민의힘이 강력한 집권 통치 역량과 제대로 된 리더십을 보여주지 못했기 때문에, 극우 낙인에 속절없이 당하는 혼란스러운 정치적 인식이 형성된 것이 아닐까..

이 모든 현상을 보면서 나는 결국 문화전쟁이 정치적 싸움보다 더 깊숙이 사람들의 마음속에 자리 잡고 있음을 깨닫게 되었다.

나는 국민의힘이라는 정당을 바라보며 언제나 약간의 아쉬움을 느낀다. 그들은 각자도생의 자세로 자신들의 이해관계를 따라 움직이고, 때로는 기회주의와 보신주의로 비춰지기도 한다. 내가 주변 사람들에게 왜 윤석열 대통령이 극우라고 생각하는지 물었을 때 명확한 대답을 듣지 못한 적도 있었다. 그들은 윤 대통령이 극단적인 발언이나 인종차별적 언행을 하지 않았음에도 그저 막연하게 국민의힘이 '기득권의 양반 정당'처럼 느껴진다고만 했다. 반면, 트럼프 대통령의 경우는 미국의 국익을 위해 진정성 있게 싸우고 있다는 인상을 준다는 것이다. 하지만 최근의 사태를 겪으면서 나는 윤석열 대통령 역시 진정성을 충분히 보여주었다고 생각하게 되었다. 그는 지금 실제로 전선에 나와 좌파와 맞서 싸우고 있으며, 현재의 체제 위기를 버티기 위해 고군분투하고 있는 것이다. 그렇기에 나는 앞으로 국민의힘과 우파 진영, 그리고 대통령이 나아갈 방향이 분명해졌다고 생각한다.

최근 탄핵 찬성을 외치는 집회 현장에는 민노총 같은 조직적으로 동원된 세력을 제외하면 특히 눈에 띄는 그룹이 있다. 바로 10대들이었다. 아이돌 스타들도 여기에 합세해 깊은 고민 없이 한두 마디 툭툭 던졌다가 CIA 신고 이야기가 나오자마자 급하게 글을 지우는 모습을 보였다. 그들이 심각한 정치적 신념이 있어서가 아니라, 가벼운 놀이처럼 이 현상에 참여했다는 걸 여실히 보여주는 장면이었다.

내가 생각하기에, 민주당이 '내란 수괴'라는 프레임을 짠 것은 결국 자신들의 발목을 잡는 자충수가 되었다. 중도층 시민들마저 처음에는 계엄 선포가 다소 무리라고 느꼈을지 모르나, '내란 수괴'라는 단어가 남발되면서 그 의미가 희석되고 희화화되었다. 실제로 이번 계엄은 무장도 하지 않은 채 유혈 사태를 방지하려는 노력이 있었던 해프닝 수준에 불과한데, 이를 지나치게 과장하다 보니 오히려 탄핵을 주장하는 민주당이 내란적인 행위를 하고 있는 것처럼 보이기 시작한 것이다.

이 과정에서 흥미롭게도 이대남을 중심으로 하는 디지털 놀이 문화가 작동했다. 소녀시대나 아이유, 뉴진스 같은 아이돌들이 탄핵 관련 발언을 재미삼아 던졌고, 이에 CIA 신고와 같은 놀이가 이어지자 정작 아이돌들은 혼비백산했다. 이들은 단지 재미있게 참여했던 것인데 갑자기 미국에 입국하지 못할지도 모른다는 불안감에 휩싸인 것이다.

이는 곧 탄핵 집회라는 것이 거창한 애국심이나 나라를 구하기 위한 절박함이 아니라, 가볍고 장난스러운 분위기로 흘러가고 있다는 방증이다. 과거 정우성처럼 정치 발언을 개념 있는 행동으로 칭송받던 시대는 끝났다. 이제 그런 행동은 관심을 받기 위한 가벼운 쇼에 불과하며, 정치적 발언으로 얻는 이득도, 이미지 상승 효과도 사라지고 있다. 뉴진스와 같은 그룹조차도 탄핵이라는 이슈에 편승했다가 오히려 역효과를 봤다. 이제 사람들은 명확하게 정치와 놀이를 구분하기 시작했고, 연예인들의 얄팍한 정치적 개입을 더는 진지하게 받아들이지 않게 되었다.

아이유는 원래 독특한 팬층을 가졌다. 젊은 세대뿐 아니라 중장년층 팬들도 많고, 특히 남성들의 지지가 두터운 가수였다.

그런데 최근 아이유가 페미니스트 그룹으로부터 공격을 받자, 나는 아이유가 다소 성급히 움직였다고 느꼈다. 그녀가 이런 논쟁에 참여한 이유는 아마 자신도 소위 '개념 있는 페미니스트'라는 평가를 받고 싶었기 때문일 것이다. 하지만 결과적으로 그녀는 오히려 기존 팬들이었던 남성층의 반감만 키우게 되었고, 그렇다고 페미니스트들에게 진정성 있는 인물로 인정받지도 못했다. 결국 아이유는 얻은 것 없이 손해만 보게 된 셈이다.

요즘은 이런 식으로 연예인이 특정한 입장을 취하면 쉽게 보이콧이나 바이콧 운동이 일어난다. 과거에는 정우성 같은 인물이 사회적 이슈에 목소리를 내면 사람들이 적극적으로 지지하는 '바이콧(buycott)' 현상이 많았다. 그러나 이제는 누구나 쉽게 보이콧을 하는 시대가 되어버려 오히려 리스크가 커졌다. 특히 개념 있는 척하는 연예인들에게 사람들은 점점 피로감을 느낀다. 선민의식을 가지고 대중을 가르치려는 태도는 이제 통하지 않는다.

## 반전의 시작은 대통령의 1212 담화문

반면 최근 광화문의 자유우파 집회는 과거와는 다른 분위기였다. 예전에는 절박하고 처절한 감정이 지배적이었다면, 최근 집회는 찬송가와 군가를 부르며 다들 밝고 즐거운 표정을 지었다. 특히 윤석열 대통령의 12월 12일 대국민 담화가 이런 분위기 전환의 계기가 되었다고 생각한다. 그 담화는 좌파조차 인정할 정도로 잘 전달되었고, 불안하던 지지층에게 정치적 효능감을 크게 높였다.

내 주변의 40대, 50대 지인들도 이 같은 변화 속에서 점점 적극적으로 움직이고 있다. 특히 트럼프 대통령을 지지하며 글로벌한 시각을 가진 이들이 늘어나고 있다. 여의도 정치권만 아직도 과거에 머물며 특검 공세 등의 소모적인 정치적 논쟁에 빠져 있지만, 국민들은 이미 글로벌한 안목으로 세상을 바라보고 있다.

그래서 나는 침묵하고 있는 다수의 국민이야말로 진정한 대통령의, 그리고 우파진영의 우군이라고 믿는다. 그들은 생업에 충실하면서도 조용히 나라의 미래를 고민하고 있다. 시끄럽게 떠드는 사람들만 국민이 아니다. 이 진중한 다수와 함께 보수 우파가 함께 나아가야 할 때다.

나는 『73년생 한동훈』을 집필한 이후 여러 가지 오해를 받았다. 특히 우파 진영의 방송을 애청하는 진정한 애국자들 중 일부는 이 책으로 한때 한동훈이라는 정치인에게 품었던 기대와 희망이 상처로 돌아왔다고 느끼는 듯하다. 이분들이 받은 상처와 실망감이 얼마나 클지 나 역시 잘 알고 있다.

내가 이 책을 쓴 목적은 결코 우파의 희망을 저버리거나 혼란을 주려는 것이 아니었다. 오히려 우리는 함께 품었던 그 희망을 조금 더 긍정적인 발전된 현실로 만들어보고자 하는 열망을 공유했다. 비록 내가 책임 있는 지위에 있지는 않지만, 상처받은 우파 지지자들과 함께 서로 위로하고 힘을 모으고자 한다.

과거의 일은 이미 일어난 일이다. 하지만 우리는 과거의 경험과 교훈을 토대로 더 나은 미래를 위한 새로운 대안을 찾아야 한다. 특히 나는 문화전쟁에서 우리 우파 진영이 승리하기 위해 무엇이 필요한지 끊임없이 고민하고 있다. 정치적 담론을 뛰어넘어 우파를 보다 대중적이고 강력한 정치 집단으로 만드는 것이 나의 궁극적인 목표다. 작지만 의미 있는 변화에 기여하는 것이 지금 내가 할 수 있는 최선이다.

# 배신인가, 무지인가

한동훈 전 대표의 문제는 단순히 '배신'이 아니라 잘못된 상황 인식에 있다. 사실 정치에서 배신은 흔한 일이다. 자식이 아버지를 수십 번 배신해도, 결국 능력 있고 더 큰 자산을 벌어주면 가족은 아버지가 아니라 자식을 선택하기 마련이다. 하지만 배신했음에도 투자금을 모두 날려 개털이 되어 돌아오면 그건 더 이상 선택의 여지가 없는 문제다.

지금 한동훈 전 대표의 문제가 정확히 이 지점이다. 그는 윤석열 대통령을 버리고 자신을 선택하라고 요구하고 있지만, 문제는 그가 윤 대통령보다 더 유능하거나 강력한 리더십을 보여주지 못하고 있다는 데 있다.

현재 한동훈 전 대표와 그의 지지자들은 윤석열 대통령을 이재명 대표보다 더 악한 존재로 규정하고 있는 듯하다. 그러나 그는 다수의 우파 시민들에게 진정한 국가적 재앙은 윤석열이 아니라 이재명이라는 점을 이해하지 못하고 있다. 우파 시민들이 원하는 것은 이재명을 확실히 꺾을 수 있는 강력한 지도력이다. 그래서 그들은 윤석열 대통령을 선택했던 것이다. 과거 박근혜 대통령을 수사했던 특검 수장 윤석열이 대통령이 된 것도 그의 압도적인 정치적 전투력과 지지율 때문이었다.

한동훈 전 대표의 정치적 착각은 바로 여기에서 비롯된다. 그의 시각에서 현재의 정치 지형은 한동훈 > 이재명 > 윤석열의 순서다. 반면 지지층의 시각은 윤석열 > 이재명 > 한동훈의 순서다. 결국 한동훈 전 대표는 자신도 모르게 이재명의 도우미 역할을 하고 있는 것이다.

최근 내 유튜브 채널에서 구독자들을 대상으로 누가 가장 미운 정치인인가를 물었더니 한동훈이 이재명 이준석을 제치고 60% 가량의 압도적인 득표를 받았다. 이는 과거 신평 변호사가 "한동훈은 이재명보다 더 신의가 없는 인물이다"라고 발언했을때 많은 보수 유튜브에서 실시했던 설문조사와 비슷한 패턴이었다.

지금 대한민국이 마주한 위기는 단순히 윤석열과 계엄 문제만이 아니다. 그러나 한 전 대표는 북한과 중국의 스파이 문제,

더불어민주당의 지속적인 국정 마비 시도, 그리고 국가 방위력에 중대한 영향을 미치는 방산 전략 자산 예산 삭감 문제까지, 국가가 처한 위기의 본질을 외면한 채 이재명도 하지 않은 '내란 자백' 발언을 꺼내며 윤석열 대통령을 공격하는 데만 골몰했다. 이는 한동훈 전 대표의 정치적 역량에 근본적 의구심을 품게 만든다.

국민들이 한동훈 전 대표에게 기대했던 역할은 윤석열 대통령을 도와 국가를 위기에서 구하는 것이었다. 그러나 지금 한동훈 전 대표가 하는 일은 결과적으로 이재명을 돕는 꼴이다. 한동훈 전 대표가 정치적 성장을 원한다면, 자신을 윤석열과 계엄이라는 좁은 시각에 가두지 말고 이재명과 좌파 진영이 망치고 있는 대한민국을 지켜내기 위한, 더 넓고 깊은 고민과 비전을 보여줘야 한다.

# 한동훈의 위험한 계산

지금 정치권의 핵심 문제는 대통령의 계엄 선포가 아니다. 본질은 거야의 무소불위 전횡에 의한 국가마비에 있다. 그러나 정치권 일각에서는 이러한 사정을 애써 무시하고 계엄이라는 이슈를 선악과 정의, 불의의 기준으로 삼으며 정통성을 확보하려는 듯한 모습이다. 한동훈 전 대표가 이재명 대표보다 먼저 계엄 반대를 외친 것을 자신의 정치적 정통성으로 삼으려 한다면 이는 본질을 크게 잘못 짚은 것이다.

더불어민주당이 한동훈 전 대표의 의견을 들어 계엄을 해제한 것도 아니다. 그런데 한동훈 전 대표는 이 옹색한 사실을 붙잡고 정치적 존재감을 드러내려는 모습이 역력하다. 더 중요한 것은 이재명 대표가 대통령이 된다면 계엄 같은 방식은 아예 필요 없다는 점이다. 이미 행정, 입법, 사법, 언론, 시민사회, 노조가

지 장악할 수 있는 과반당 민주당의 현실에서, 굳이 계엄을 사용할 이유가 없다. 문재인 정부가 코로나를 빙자해 보여준 준(準)계엄 상황과 카카오톡 검열 논란에서 우리는 이를 이미 경험했다. 홍콩을 비롯한 중국 사례에서도 보듯, 현대 권위주의 정권은 계엄 없이도 국민의 자유를 충분히 제한할 수 있다.

본질적으로 한동훈 전 대표의 문제는 단순히 '배신'의 문제를 넘어 정치적 역량 자체가 미숙하다는 것이다. 그는 정무적 감각, 정책, 비전, 공심, 조직 통솔력 등의 정치적 역량은 부족한 모습을 보였다. 반면, 상황에 맞지 않는 탐욕과 권력욕만 가득하다는 당내 선배 정치인들의 평가를 받았다. 대부분이 한동훈의 정치 행보를 응원하던 사람들이었다. 이는 이른바 '소년등과'의 폐해를 전형적으로 보여준다. 사법고시 합격이 빠르다는 건 문제가 아니다. 자신의 능력이나 실적이 아니라 순전히 행운과 윤석열 대통령 및 국민의힘 당원들의 착각으로 막강한 권력을 얻었기 때문이다.

총선을 앞두고 잠깐의 착시 현상으로 권력을 쥐었고, 불과 사퇴 3개월 만에 63%라는 압도적 지지율로 당대표 자리에 오르며, 그의 정치인생 최대의 행운을 맛보았다. 그러나 그 행운은 반복되지 않는다. 한동훈 전 대표가 젊음을 무기로 과거의 영광에 집착할 것이 아니라, 빠르게 현실을 직시하고 착각에서 벗어나야 한다. 그렇지 않으면 정치적 절벽을 향해 달려가는 그의 행보를 누구도 막을 수 없을 것이다.

# 한동훈, 제2의 유승민·이준석 되나?

## 팬미팅 정치로는 성난 우파 민심에 좌초될 것

최근 정치권의 풍경은 매우 기묘하다. 거리에서는 자유 우파 시민들이 아스팔트 위에서 목숨을 걸고 싸우고 있는 와중에, 한동훈은 마치 연예인처럼 강연과 팬미팅, 미디어 출연에 열을 올리고 있다. 청바지 핏과 덕질용 정보로 팬심을 자극하는 그의 행보는, 정치 현실과는 동떨어진 '미디어 쇼'에 불과하다.

겉으로는 화려한 무대 위에 서 있지만, 정작 그는 가장 핵심적인 질문에는 철저히 침묵하고 있다.

- 김상욱 같은 인물을 어떤 근거로 공천한 것인가?
- 당게 게시판 파문에 대한 진실은 무엇인가?
- 내란 자백이라는 충격적 발언의 근거는 어디에 있는가?

한동훈의 침묵은 단순한 회피가 아니라, 본질을 흐리는 계산된 전략일 가능성이 크다. 본인의 지지율 상승과 팬덤 형성을 계기로 윤석열 대통령을 점차 '불편한 존재'로 여기기 시작한 것 아닌가. "죽어가는 권력"이라는 내부 판단 속에서, 스스로를 '다음 카드'로 포장하고 있는 것 아닌가.

이런 모습은 너무도 익숙하다. 바로 미국 민주당이 바이든을 '고려장'하고 해리스를 밀어붙이던 2020년 대선의 패턴과 놀랍도록 유사하다.

- "2030이 해리스를 좋아한다."
- "이제 해리스의 시대다."
- "바이든은 노쇠했고, 해리스가 대안이다."

지금 한동훈이 받는 스포트라이트와 그를 띄우려는 보수 내 흐름은 해리스 '억지' 신드롬과 놀라울 정도로 평행한다.

하지만 결과는 어땠나? 해리스는 실패했고, 트럼프는 돌아왔다. 중요한 건 '팬심'이 아니라, 체제의 본질을 지키는 힘이다.

지금 대한민국 보수 우파의 엔진은 윤석열 대통령이라고 할 수 있다. 대통령에 대한 탄핵 시도는 단순한 개인 제거가 아니라, 자유민주주의 체제 자체를 무너뜨리려는 시도다. 대통령의 거부권이 없었다면, 포퓰리즘 악법과 종북·종중 세력의 입법 폭주로 인해 대한민국은 이미 전체주의에 가까운 위기상황에 처했을 것이다.

따라서 한동훈이 진정 보수 정치인으로서의 생명을 이어가려 한다면, 지금 즉시 그간의 분열적 행동에 대한 자성과 함께 윤석열 대통령 살리기에 나서야 한다. 아무리 검사 경력을 축소시키며 AI 산업이니 밀덕이니 그럴 듯한 말을 늘어놓더라도, 팬덤의 태생과 뿌리가 '친윤'이었던 그로서는 결코 독자적인 정치 기반을 만들 수 없다. 특히, 보수 시민들이 가장 분노하는 지점은 힘이 빠졌다고 생각한 윤 대통령을 공격한 것이다. 이는 정치적으로는 '자해행위'에 가깝다.

현재 보수 진영은 대동맥과 모세혈관처럼 유기적으로 연결된 윤석열 중심의 체계를 구축해가고 있다. 광화문, 여의도, 국민 변호인단, 그리고 수많은 애국 시민들과 인플루언서들. 이 흐름은 이미 하나의 심장을 갖고 움직이고 있으며, '한동훈 바이러스'에 대한 면역체계 역시 작동하고 있다.

윤 대통령의 복귀가 좌초될 경우, 거리에서 단련된 시민들의 분노가 향할 방향은 자명하다. 그것은 민주당이 아니라, 바로 '우파 내부에서 배신한 자들'일 것이다. 그 분노를 팬클럽 몇 명과 언론인 몇 명으로 감당할 수 있을 것이라 믿는다면, 그것이야말로 오만이며 착각이다.

이제 한동훈에게 남은 시간은 많지 않다. 지금처럼 계속해서 간보는 행위, 제2의 유승민, 이준석의 행보를 이어가면서 이도 저도 아닌 모호한 스탠스를 유지한다면, 그의 정치 생명은 '기각' 될 것이다.

# 이재명 포비아, 한동훈을 지우고, 윤석열 컴백의 레버리지가 되다

나는 2024년 9월, 총선 직후 이미 한 편의 글을 통해 "이재명이 대통령이 되면 벌어질 수도 있는 일들"을 예고한 바 있다. 더불어민주당이 총선에 대승하고 난 뒤 그리고 한동훈 체제가 윤 대통령과 지속적으로 불화를 보일 때 부터 나는 탄핵과 그에 준하는 정치적 파장이 불가피함을 예감했던 것이다. 그리고 지금, 그 불길한 예감은 점점 현실로 다가오고 있다.

하지만 여기서 주목해야 할 점은, 이재명의 포비아와 막가파 식 조폭 스타일의 전체주의 정치가 오히려 보수 우파를 결집시키고, 윤석열 대통령의 복귀에 있어 강력한 레버리지로 작용하고 있다는 사실이다.

당시 내가 느낀 불길함은 이제 현실이 되었고, 그 위기의식은 오히려 제도권과 아스팔트 시민 정치가 함께 결집하는 촉매제로 작용하고 있다. 아래는 그 시점—2024년 9월—에 내가 쓴 글의 일부다.

## 시스템 붕괴 이후의 독재, 그 가능성

요즘 들어 자꾸 불길한 기운이 감돈다. 이재명은 이미 대통령이 된 것처럼 행동하고 있고, MBC를 비롯한 일부 언론은 마치 '세월호 시즌2'를 기획하듯 윤석열 대통령을 끌어내릴 명분을 찾고 있는 듯하다. 뭔가 착착 진행되고 있다는 느낌이다. 심지어 보수 우파 진영 내부에서도 대통령에 대한 피로감과 불만이 높아지고 있다.

한마디로, 국가 시스템이 무너지고 있으며, 여론이 법치를 잠식하고 헌법 질서마저 흔들리는 시대가 눈앞에 다가오고 있다.

만약 시스템이 붕괴된다면 어떤 일이 벌어질까? 무조건적인 독재가 시작될 것이다. 그리고 그 독재는 아이러니하게도, 대중이 '대중주의'를 혐오하는 심리와 맞물려 오히려 더 강한 지지를 얻게 될 것이다.

이재명이 대통령이 된다면, 그는 문재인보다 더 과감하고 공격적으로 정책을 밀어붙일 가능성이 크다. '개딸'들과 같은 추종

자들뿐 아니라, 일반 대중도 열광할 수 있다. 왜냐하면, 그 시점에는 이미 보수라는 반대 세력은 궤멸되어 있을 것이며, 보수 혐오 역시 극에 달해 있기 때문이다.

특히 의사 집단과 엘리트 계층에 대한 대중의 반감이 극심해지면서, 집단적 마녀사냥이 벌어질 가능성이 있다. 지금은 의사들이 의대 정원 확대에 반대하며 집단행동을 벌이고 있지만, 국민의 분노는 이미 그들을 향하고 있다. 윤석열 대통령이 정치적으로 단두대에 오른다면, 그 다음은 의사들이 될 것이다.

프랑스 대혁명이나 크롬웰 혁명을 떠올려보라. 한 번 피에 맛을 본 대중은 멈추지 않는다. 이재명 정권은 '개혁'이라는 이름 아래, 의사 집단과 엘리트를 해체할 것이다. 공공의대 확대는 물론, 좌파 시민단체 출신들이 '조민'처럼 합법적으로 의사가 되는 구조가 만들어질 것이다.

이재명은 "국가 경제가 폭탄을 맞았다"고 주장하며 그 책임을 윤석열 정부에 떠넘기고, 국가 모라토리엄을 선언할 가능성도 있다. 그러면서 자신을 '경제를 살린 영웅'으로 포장할 것이다. 그리고 국민은 "이재명 덕분에 나라가 정상화됐다"는 착각에 빠질지도 모른다.

## 포퓰리즘, AI 민주주의, 그리고 베네수엘라화의 경고

극단적인 포퓰리즘을 제어하지 못한다면, 한국 역시 베네수엘라처럼 전락할 수 있다는 경고가 현실이 될 수 있다. 이쯤 되면 차라리 AI에 여론조사를 돌려 통치하게 하자는 말까지 나올 지경이다.

윤 대통령을 비판하고 공격하는 일부 보수는 결국 자기 발등을 찍고 있다. 하지만 그들이 원하는 세상이 펼쳐지는 것도 아니다. 베네수엘라의 마두로는 이미 인적 자원과 물적 자원이 국외로 이탈한 상황에서 장기집권을 이어가고 있다. 우리도 예외는 아니다. 상류층은 이미 자녀를 해외에 유학 보내고, 부동산을 매입하며 미국이나 유럽에서의 안전한 노후를 준비하고 있다. 그러면서 뒤에서는 윤석열을 조롱한다.

## 만약 윤석열 대통령이 무너진다면?

윤석열 대통령이 탄핵 국면에서 무너진다면, 보수의 비극 서사는 박근혜에서 윤석열로 넘어가게 될 것이다. 그리고 그 그림자는 오랫동안 지워지지 않을 것이다.

나 역시 윤 대통령 이전에는 스스로를 '보수'로 규정한 적이 없었다. 그러나 지금의 보수 진영에는 나처럼 윤석열 시대를 통해 새롭게 유입된 보수층이 많다. 이들은 윤 대통령이라는 존재

자체가 정치적 각성의 계기가 된 세대다.

그렇기에 윤 대통령이 무너지면, 다음 대선은 사실상 의미를 잃게 된다. 상당수 보수 유권자들이 투표를 포기할 가능성이 크다. 이명박–정동영 대선 당시의 압도적인 지지율 격차가 다시 나타날 조짐도 보인다.

하지만 보수 정치권은 여전히 현실 인식이 부족하다. "이 판에 들어가면 나만 손해"라는 식의 이기주의만 팽배해 있다. 각자도생의 시대라지만, 대통령이 무너진다면 TK를 제외한 전국이 민주당 천하가 될 것이다.

이재명은 사법, 언론, 교육, 문화, 행정, 입법까지 모두 장악한 상태에서 '한국의 시진핑'이 될 가능성이 있다.

보수 정치의 풍경도 완전히 바뀔 것이다. 공자왈 맹자왈 하며 현실 정치에 둔감한 '정치 선비'들은 설 자리를 잃게 된다. 이제 보수는 전사를 원한다. 이념적 선명성과 투쟁성을 요구한다. 지금 유럽과 남미에서 강경 우파가 득세하고 있는 것처럼, 한국의 보수도 생존을 위한 실전형 리더십을 요구하게 될 것이다.

돈값, 밥값 못하는 '보수 귀족'들의 시대는 이미 끝났다.

## 김종민 변호사의 경고: "이재명, 세계적인 부패의 아이콘이 될 것"

김종민 변호사는 이재명이 대통령이 될 경우 "우리는 세계적인 웃음거리가 될 것"이라고 말한다. 그는 이재명이 늘 '유능함'을 강조하지만, 도덕성 없는 유능함은 결국 범죄자의 무기일 뿐이라고 지적한다. 검사로서 수많은 '유능한 사기꾼'들을 봐온 경험상, 이재명의 레토릭은 공허할 뿐이라고 평가한다.

김 변호사는 이어, "프랑스는 2013년 고위 공직자의 스위스 비밀계좌 스캔들을 계기로 대대적인 반부패 개혁을 단행했고, 2016년에는 세계적 기준이 되는 반부패법을 만들었다. 우리는 도대체 무엇을 하고 있는가?"라고 반문한다.

그는 또한 "이재명의 권력형 부패는 이미 썩을 대로 썩었지만, 반부패를 총괄해야 할 국민권익위원회는 아무런 역할도 하지 못하고 있다"며 국내 반부패 시스템의 무기능을 강하게 비판한다.

김 변호사는 "김영란법 하나로 그토록 난리를 쳤지만, 실제로 바뀐 것은 없다"며, 반부패 개혁 없이는 공정도 정의도 공허한 구호에 불과하다고 경고한다. 그러면서 윤석열 대통령이 진정으로 '공정과 상식'을 말하고자 한다면, 정교하고 실효성 있는 반부패 시스템 개혁을 전면에 내세워야 한다고 강조한다.

# Chapter 4

## 반격

# 윤석열의 결기

윤석열 대통령의 결기 어린 결단이 우파 진영을 재건하는 핵심 동력이 되었다. 특히 김문수 장관의 급부상은 정치 지형에 큰 변화를 가져왔다. 최근 윤 대통령의 지지율이 48.8%로 대선 당시 수준을 회복했음에도, 과거 많은 이들이 주장했던 것처럼 단지 '이재명에 대한 반감'만으로 지지율이 상승한 것이 아님이 명확해졌다.

김문수 장관은 선명한 보수 우파의 대표주자로, 그의 등장은 좌파 진영과 헌법재판소, 그리고 기존 관료층에 상당한 부담을 주고 있다. 김 장관의 존재로 인해 이재명의 조기 대선 승리가 더 이상 확정적이지 않게 되었고, 이는 윤 대통령에 대한 정치적 공격이 오히려 우파 진영의 결속과 지지율 상승으로 연결되는 역설적인 상황을 만들어냈다. 김문수 장관의 탄탄한 정

치 경력과 강력한 우파적 입지는 그를 윤 대통령의 정치적 후
계자로 부상시키는 계기가 되었다.

반면, 윤석열 정부 초기에 주목받았던 한동훈 전 법무장관
은 오히려 유승민 전 의원의 정치적 계보를 잇는 것으로 평가
되며 우파 진영 내에서 이탈하는 모습을 보이고 있다. 이는 개
인적 인연이나 과거 관계와 무관하게 정치적 행보와 선택의 결
과라는 점에서 흥미롭다.

이제 헌법재판소는 윤 대통령과 우파 진영의 결집된 힘에 밀려
급박한 상황에 처했다. 헌재가 마은혁 재판관 임명을 서두르는
모습은 이들의 위기감과 초조함을 그대로 드러내고 있다. 이미
여론의 향방은 변하고 있으며, 헌재의 결정은 민주당의 정치적 이
익과 긴밀하게 연결되어 있음을 노골적으로 드러내고 있다.

최상목 대통령 권한대행은 이제 중대한 선택을 해야 할 시점
에 도달했다. 그가 대통령에게 부여된 임명권이 실질적인 것임을
무겁게 여겨 헌법재판관 임명을 거부한다면 좌파 진영의 공격과
추가적인 탄핵 시도가 예상되지만, 우파 진영의 결집은 더욱 강
력해질 것이다. 반대로 민주당의 요구대로 임명을 강행하면 정치
적 독립성을 잃고 모든 진영으로부터 외면당할 것이다.

결국 권성동 원내대표와 권영세 비대위원장의 역할은 명확해
졌다. 헌재의 정치적 행태를 철저히 감시하고, 최상목 대행이 올
바른 선택을 내리도록 압박하며, 보수 우파 진영 내부의 단단

한 결속을 유지하는 것이다. 지금의 우파 진영은 윤석열 대통령의 결기와 김문수 장관의 등장으로 현재의 권력과 미래 권력 사이에 강력한 정치적 파트너십이 형성되었기 때문에 결코 쉽게 무너지지 않을 것이다.

# 윤석열의 최종의견 진술

윤석열 대통령은 헌법재판소에서 진행된 탄핵심판 최종의견 진술에서 지난 12월 3일의 비상계엄 선포는 국가 위기를 알리고 국민의 직접적 참여와 각성을 촉구하기 위한 '대국민 호소'였음을 강조했다. 그는 비상계엄이 과거의 군사적 억압과는 본질적으로 다르며, 오히려 민주주의와 국가 안보를 지키기 위한 필연적 선택이었음을 분명히 밝혔다.

윤 대통령은 개인적 이익이나 정치적 안위를 추구했다면 비상계엄을 선포할 이유가 없었으며, 오히려 정치적 반대 세력과의 타협으로 편안한 임기를 보낼 수도 있었다고 말했다. 그러나 그는 국가가 총체적 위기에 직면한 상황에서 대통령으로서 책임과 사명을 다하기 위해 비상계엄이라는 헌법적 권한을 행사했다고 강조했다.

그는 국회에 투입된 병력이 소수에 불과하고, 계엄 선포 후 국회의 결의에 따라 즉각 해제한 점을 들어 내란의 의도나 가능성 자체를 강력히 부정했다. 실제 계엄은 매우 짧은 시간 내에 평화적으로 종료되었고, 어떠한 시민 피해나 무력 충돌도 없었기 때문에 이를 내란으로 규정하는 야당의 주장은 명백한 정치적 공세라고 비판했다.

또한 윤 대통령은 야당과 일부 세력이 북한 등 반국가 세력과 연계되어 국가 안보와 자유민주주의 체제를 흔들고 있다고 경고했다. 그는 특히 국정원의 대공수사권 박탈, 국가보안법 폐지 주장, 핵심 국방 예산 삭감 등 야당의 행태가 국가 안보를 심각하게 위협하고 있다고 주장했다. 민주노총 간첩단 사건과 중국발 간첩 활동, 산업 스파이 행위 등을 방치하는 상황이 국가 위기의 본질적 배경이라고 지적했다.

윤 대통령은 또한 거대 야당의 무분별한 탄핵 시도가 국가 기관의 정상적 기능을 마비시키고, 헌정질서를 위협하고 있다고 비판했다. 그는 야당이 대통령과 공직자들에 대한 지속적이고 정치적인 탄핵으로 국가 기능을 마비시키고 있으며, 이는 결국 자유민주주의 체제의 근본을 무너뜨리는 행위라고 강력히 규정했다.

끝으로 그는 헌법재판관들에게 자신이 국가와 국민을 위한 책임감으로 비상계엄을 선포한 진정성을 이해해 줄 것을 요청하며, 국민들에게 혼란을 끼친 점에 대해 사과했다. 그는 앞으로 개헌과 정치개혁을 통해 자유민주주의와 국가 안보를 지키고, 대한민국의 미래를 위해 노력할 것을 다짐했다.

# 탄핵 심판의 숨겨진 게임

최근 법조계를 중심으로 윤석열 대통령의 탄핵 심판이 기각될 가능성이 있다는 전망이 나오고 있다. 그동안 인용 가능성이 높다는 시각이 많았으나 최근 정세 변화와 여론의 동향을 고려하면 기각 가능성 또한 무시할 수 없다는 분석이 힘을 얻고 있다.

탄핵 심판은 단순히 피청구인의 법적 책임을 따지는 것이 아니라 정치 행위의 정당성과 합법성을 종합적으로 판단하는 과정이다. 법리적인 부분도 중요하지만 여론의 흐름 역시 심판 결과에 중대한 영향을 미친다. 특히 경기일보의 2025년 3월 13일 보도에 따르면, 전국지표조사(NBS)에서 탄핵 소추 인용에 대한 국민 지지는 지속적으로 하락하고 있으며, 기각을 지지하는 여론은 꾸준히 상승하고 있다고 한다. 한 달 사이 인용 찬성 여론이 약 8% 감소한 반면 기각을 지지하는 여론은 약 9% 증가

하는 등 여론이 역동적으로 움직이고 있다.

탄핵 기각의 가능성을 높이는 몇 가지 정치적 징후들이 있다. 우선 지난 12월 윤 대통령에 대한 탄핵 소추가 처음 불발된 이후 보수 우파 진영의 결속력이 강화된 점을 들 수 있다. 한동훈 전 대표의 사퇴가 내부 단합을 가져왔고, 이진숙 방송통신위원장의 탄핵이 헌재에서 기각된 사건 역시 보수 진영에 자신감을 심어줬다. 이러한 자신감은 이후 전국적인 보수 집회로 확산되는 계기가 되었다.

또한 이재명 민주당 대표가 실용주의 노선으로 전환하는 발언을 한 것도 야권 내부의 위기감을 반영하는 신호였다. 더불어 최근 부산, 대구, 광주 등 전국 주요 도시에서 열린 윤 대통령 탄핵 반대 집회가 역사상 최대 규모의 인파를 모으면서 탄핵 기각에 대한 국민적 공감대를 형성하고 있다.

법적 논리 측면에서도 탄핵 심판에서 불리한 증언들이 거짓으로 드러나며 대통령에 대한 탄핵 논리가 무너지고 있다. 국정원의 홍장원 1차장과 곽종근 특수전사령관의 증언은 일관되지 않았으며, 민주당 측의 증언 회유 시도가 폭로되는 등 윤 대통령 탄핵의 정당성은 갈수록 약화되고 있다.

다만 현재 헌법재판소의 심판 진행이 편향적이라는 비판이 제기되고 있는 만큼, 보수 우파 진영은 안일하게 탄핵 기각을 기대할 것이 아니라 지속적으로 논리와 여론전에서 우위를 확보하는 노력을 기울여야 한다. 최종 판결은 아직 내려지지 않았으며, 헌재 내에서 탄핵 기각을 결정할 가능성이 있는 재판관들이 설득력을 얻을 수 있도록 명확한 논리와 강력한 국민 여론을 뒷받침해 주어야 한다.

결국, 이번 탄핵 심판은 단지 윤석열 대통령 개인의 문제가 아니라 대한민국의 헌정질서를 수호하고 반국가 세력을 척결하기 위한 중요한 역사적 전환점이다. 대한민국의 미래를 위해서라도 보수 진영의 결집과 전략적 대응이 반드시 필요하다.

# 마지막 카드

윤석열 대통령은 2월 25일 헌법재판소 탄핵심판 최종 진술을 통해 비상계엄 선포의 목적과 배경을 상세히 설명했다. 윤 대통령의 발언은 정치적 위기의 본질을 정면으로 응시하며, 대한민국이 처한 국가 위기 상황에 대한 절박한 호소였다. 그러나 윤 대통령의 메시지가 과연 국민과 재판관들에게 얼마나 설득력 있게 전달되었는지는 따져볼 필요가 있다.

윤 대통령은 자신의 계엄이 전통적인 군사적 억압 수단이 아니라, 계엄의 형식을 빌린 일종의 '대국민 호소'였음을 강조했다. 군 병력의 소규모 비무장 투입, 짧은 계엄 지속 시간 등을 들어 내란 의도가 없었음을 강변했다. 실제로 내란을 주장한 야당은 헌법재판소 심판 단계에서 내란 혐의를 철회한 바 있다.

이것만 보더라도 대통령의 주장이 터무니없는 것은 아니라고 평가할 수 있다.

하지만 대통령이 간과한 부분은 '정치적 효과'다. 대통령의 행동은 법적 정당성과 별개로 정치적 정당성을 확보했는가가 핵심이다. 계엄의 정당성 여부는 대통령 개인의 진정성보다 이를 지켜보는 국민의 공감과 지지에 달렸다. 비상계엄 선포 이후 84일 간의 정치적 혼란, 대통령이 구속되는 초유의 사태는 그 정치적 공감이 충분하지 않았음을 증명하는 것이다.

윤 대통령은 진술을 통해 민주노총 간첩단 사건, 거대 야당의 국정 마비, 방산 예산 삭감 등을 강력하게 비판하며 국가 위기의 본질이 여기에 있다고 역설했다. 특히 거대 야당이 선동, 방탄, 이적의 성격을 가진 탄핵을 반복하며 국정 기능을 마비시킨 점을 강조했다. 대통령의 시각에서 본 대한민국의 정치적 위기는 명확했다.

그러나 이 위기 극복 방안으로 대통령이 제시한 '비상계엄'이라는 수단의 한계와 위험성은 사안을 자세히 알지 못하는 비관여 중도층 및 계엄에 대한 트라우마가 있는 기성 세대에게도 부정적인 인식을 남겼다. 윤 대통령의 설명에도 불구하고, '계엄'이 주는 부정적 이미지는 여전히 상존하는 현실에서 보수 재판관들이 얼마나 흔들림 없이 절차와 법리적 엄정성으로 판결을 내릴지 지켜볼 일이다.

윤 대통령은 또한 자신의 탄핵을 "거대 야당의 국헌 문란 행위"라고 규정하며, 탄핵 자체가 헌정질서를 무너뜨리는 시도였다고 주장했다. 이는 실제로 거대 야당이 행정부의 주요 인사들을 무차별적으로 탄핵하며 정부 기능을 마비시킨 사례를 통해 뒷받침된다. 따라서 야당의 전횡이 대통령이 비상계엄이라는 극단적인 수단을 할 만큼의 위급함에 해당 되는지 또한 헌재의 고려 사항이 될 것이다.

결국 윤 대통령은 진술을 통해 자신을 향한 정치적 공격의 부당성을 강조하며 국민에게 다시 한번 호소했다. 그리고 그 과정에서 국가 위기를 강조하고 국민이 직접 나서 달라고 요청했다. 대통령의 진심이 얼마나 전달될지는 헌법재판소의 판결과 국민 여론의 향배가 말해줄 것이다.

이번 탄핵심판의 핵심은 법적 심리보다 정치적 정당성 확보 여부에 있다. 대통령의 정치적 운명은 이제 헌법재판소의 결정뿐 아니라 국민들의 판단에도 달려 있다. 윤 대통령의 진술이 과연 국민의 마음을 움직일 수 있을지 지켜볼 일이다.

# 김계리의 '계몽'

최근 윤석열 대통령 탄핵심판에서 변호인으로 활약한 김계리 변호사의 '계몽되었다'는 발언이 사회적 관심을 끌었다. 이는 단순한 해프닝이 아닌, 우리 사회가 직면한 현실을 정확히 투영하는 의미심장한 사건이다.

김 변호사는 스스로를 "임신과 출산, 육아로 인해 세상이 어떻게 돌아가는지 잘 알지 못했다"고 말했다. 하지만 이번 탄핵심판을 통해 "민주당이 저지른 일당 독재적 패악"과 그동안 감춰졌던 사회적 현실을 확인하며 정치적·사회적으로 '계몽'되었다고 밝혔다.

이를 두고 일각에서는 김 변호사를 '극우인사'로 규정짓고 싫어하지만, 이는 사실과 다르다. 김 변호사는 과거 서울시 공익변호사로 활동했고, 소년원에서 청소년 멘토 역할을 하는 등 진보적 사회이슈에 깊이 공감했던 인물이다. 보수 진영이 주장했던 '청소년 처벌 연령 하향'에도 반대 의견을 냈던 것으로 알려져 있다.

김 변호사가 탄핵심판에서 제기한 문제들은 이념적 진영논리로 폄하될 수 없는 엄중한 현실이다. 그가 지적한 대로, 간첩활동이 정당과 시민단체에 침투하여 국가의 공공 자금을 사용해 국익을 훼손하거나, 북한과 연계된 인물들이 국회의원으로 활동하는 현실을 국민 모두가 인지할 필요가 있다. 또한 북한에 의한 국민의 희생을 은폐하고 왜곡한 사건 역시 결코 가벼이 넘길 일이 아니다.

김 변호사의 발언은 특정 정치 세력의 시각이 아니라 대한민국 시민으로서 느끼는 현실적 위기의식을 대변한 것이다. 정치적 각성은 어떤 진영을 지지하느냐가 아니라, 사실과 진실에 눈을 뜨고 국가가 나아갈 방향을 고민하는 과정에서 시작된다.

특히 김 변호사의 상황에 공감하는 많은 젊은 부모들이 있다. 일과 육아로 지쳐 세상 돌아가는 일에 관심 둘 여유조차 없는 이들이 많다. 그러나 12·3 계엄 사태 이후 더는 정치에 무관심할 수 없는 상황이 되었다. 많은 이들이 정치적 각성을 경험하고 있으며, 이러한 현실 인식의 전환이 앞으로 대한민국 정치 지형의 변화로 이어질 가능성이 크다.

막 40대가 된 김계리 변호사의 '계몽되었다'는 말은 단순히 개인의 경험을 넘어, 지금 이 시대를 살아가는 평범한 국민들, 특히 2030세대들이 현실을 바라보는 눈을 새롭게 뜨게 한 중요한 계기를 상징적으로 드러낸 표현이라 할 수 있다.

# 헌법이냐, 민심이냐

이번 윤석열 대통령 탄핵심판을 두고 여론이 팽팽하게 맞서 있다. 초반 탄핵 찬성 여론이 80% 가까이 치솟았다가 최근 들어 약 50% 수준으로 낮아졌다는 사실은 민심의 변화와 정치적 논란의 심각성을 잘 드러낸다. 그러나 헌법재판소의 결정은 단순히 여론의 흐름으로만 설명할 수 없다. 과거 노무현 대통령 탄핵 기각 과정에서 헌법재판소가 보인 결정 과정과 그 배경을 면밀히 살펴볼 필요가 있다.

2004년 노무현 대통령 탄핵 당시 국민의 78%가 탄핵에 반대했음에도, 헌재 내부에서는 치열한 법리적 공방이 벌어졌다. 결국 헌재 재판관들은 6대3으로 탄핵을 기각했지만, 기각이 확정되기까지 변론 종결 이후에도 14일간 긴 토론이 지속되었다. 당시 인용 의견을 낸 재판관 중에는 야당 추천 인사는 물론이고, 당시 좌파 성향 대법원장 추천 인사도 포함되어 있었다. 이처럼 탄핵 결정은 정치적 성향과 상관없이 법리적 판단과 헌법 수호 원칙에 따라 내려졌던 것이다.

이번 윤석열 대통령 탄핵심판에서도 유사한 상황이 벌어지고 있다. 좌파, 중도, 우파로 나뉜 헌법재판관들이 각자의 법리적 논거와 정치적 성향을 반영하며 팽팽한 의견 대립을 보일 것으로 예상된다. 최근 이진숙 방통위원장 탄핵심판 사례에서도 나타났듯, 정치 성향이 명확하다고 평가받는 재판관들조차 예상 밖의 결정을 내리는 경우가 많다. 김명수 대법원장이 추천한 김형두 재판관의 기각 의견과 정정미 재판관의 인용 의견이 그 사례이다.

결국, 이번 탄핵심판의 핵심은 계엄 선포의 법적 정당성 여부와 더불어, 대통령의 행위가 자유민주주의 '헌법 수호'라는 관점에서 중대한 위반인지 여부로 귀결될 것이다. 노무현 대통령 탄핵심판 당시 헌재는 대통령의 행위가 헌법 수호 관점에서 위반의 정도가 중대하지 않다고 판단한 바 있다. 이 관점을 윤석열 대통령의 계엄 선포와 후속 행위에 적용한다면, 법적 정당성 논란은 있지만, 이를 헌법 수호 관점에서 중대한 위반으로 판단하기는 어렵다는 논리도 충분히 가능하다.

무엇보다 탄핵이 '정치 심판'이고 국민의 재신임 여부 결정이라는 점을 간과할 수 없다. 국회가 탄핵을 결의했다고 해서 곧바로 헌법재판소가 이를 수용해야 하는 것은 아니다. 2004년 당시 언론이 지적했듯이, 탄핵을 추진한 정치 세력이 2/3이상 절대다수의 국민적 신뢰를 충분히 얻고 있는지도 탄핵 심판 과정에서 고려된다. 현 시점에서 윤석열 대통령 탄핵을 주도한 이재명 대표와 민주당을 비롯한 야권이 절대다수 국민의 신뢰와 공감을 충분히 확보하고 있다고 보기 어렵다는 점이 중요한 변수로 작용할 수 있다.

결론적으로, 헌법재판소는 결국 법리적 판단뿐 아니라 5,000만 국민의 선택을 변경할만한 정치적 신뢰와 정당성까지 종합적으로 고려할 것이다. 이런 관점에서 본다면 윤석열 대통령에 대한 탄핵 인용이 쉽지 않다는 전망이 타당해 보인다. 헌법재판소는 민심의 향배를 살피면서도 법리적 원칙과 정치적 균형점을 찾아야 하는 과제를 안고 있다.

# 국회의 오판, 길 잃은 권력

최근 국회가 헌법재판관 마은혁의 임명을 촉구하는 권한쟁의 지지 결의안을 야당 단독으로 통과시켰다. 그러나 이 결의안은 본질적으로 정치적 선언에 불과할 뿐, 헌법재판소에서 진행 중인 권한쟁의심판(2025헌라1)의 근본적 문제인 청구인 적격의 흠결을 결코 보완하지 못한다.

첫째, 이 사건의 청구인 적격성 문제는 국회의장이 아닌 '국회'가 청구인이어야 한다는 헌법재판소의 확립된 판례에서 비롯된 것이다. 그런데 이번 권한쟁의심판은 국회의장 개인이 임의로 제기했기에, 처음부터 적격성 요건을 충족하지 못했다. 뒤늦게 이를 깨달은 헌법재판소는 긴급히 변론을 재개하고 이를 논의했으나, 이 과정에서 헌법재판소와 국회 측의 처리 방식에도 상당한 의문이 제기되고 있다.

둘째, 국회의 지지 결의안은 법적 구속력이 없는 단순한 정치적 촉구에 불과하다. 국회는 결의안에서 "국회의장의 권한쟁의심판 청구를 지지한다"고 했지만, 이 역시 권한쟁의심판 청구의 본질적 요건인 국회의 공식 의결을 대신할 수 없다. 즉, 이는 국회의장이 이미 제기한 부적법한 심판 청구를 '추인'할 수 있는 효력을 갖지 못한다.

셋째, 민사소송법의 준용 법리상으로도 당사자적격의 흠결은 결코 사후에 보완될 수 있는 성질의 것이 아니다. 민사소송법 제60조는 '소송능력'이나 '소송대리권'의 추인을 허용하지만, '당사자적격'의 흠결에 대해서는 추인이 불가능하다는 것이 확립된 법리이다. 결국, 국회의 결의안이 민사소송법 제60조를 통해 보완될 수 있다는 국회 측 주장은 법적으로 근거가 없다.

결론적으로, 이번 결의안 통과는 법적으로 아무런 효력을 발휘하지 못하며, 헌법재판소가 이 명백한 흠결을 무시하고 본안 심리를 계속한다면 심각한 헌법적 후유증이 뒤따를 것이다. 따라서 헌법재판소는 법치주의와 헌법 수호의 관점에서 이 사건을 각하하는 것이 옳다.

# 나경원의 탄원, 의회민주주의 흔들리다

최근 나경원 의원을 비롯한 국민의힘 국회의원들이 윤석열 대통령 탄핵심판과 관련하여 헌법재판소에 2차 공개탄원서를 제출했다. 이는 대한민국의 법치주의와 의회민주주의가 직면한 심각한 위기를 잘 드러내는 중요한 움직임이다.

나경원 의원은 탄원서를 통해 현재 진행 중인 대통령 탄핵심판 과정에서 적법절차(Due process of law)가 제대로 지켜지지 않고 있음을 강하게 비판했다. 적법절차는 본래 국민의 기본권을 보호하기 위해 헌법에 명시된 근본적 원칙이며, 대한민국 헌법 제12조에서 이를 명확히 규정하고 있다. 그러나 최근 민주당의 단독 표결과 일방적 의회 운영이 적법절차를 심각히 훼손하며, 민주주의의 근본적 정신을 왜곡하고 있다고 나 의원은 지적했다.

나 의원은 특히 민주당이 내란죄라는 중대한 혐의를 이용해 탄핵소추안을 통과시킨 후, 헌법재판소 심판 과정에서 돌연 내란죄 혐의를 철회한 점을 문제 삼았다. 이는 탄핵소추의 동일성을 상실한 것으로, 본래 국회가 가결한 탄핵소추의 정당성을 심각하게 손상시킨 것이라는 주장이다. 내란죄의 유무는 국회의 탄핵소추안 가결에 결정적 영향을 미쳤기 때문에, 이를 철회하려면 국회의 재의결이 반드시 필요하다는 점에서 절차적 하자가 심각하다는 것이다.

또한, 나 의원은 민주당의 국회 운영 방식에도 강한 비판을 제기했다. 민주당은 협의와 합의를 근본으로 하는 국회 운영 원칙을 무시하고, 다수의 힘만으로 주요 법안을 강행 처리하며, 의회민주주의를 실질적으로 파괴하고 있다는 것이다. 민주당 소속 위원장들이 토론 기회를 박탈하거나 소수 의견을 무시하고 일방적 표결을 강행한 사례들은 의회민주주의가 얼마나 심각하게 손상되고 있는지를 보여준다.

나 의원은 결국 이번 탄핵심판은 단지 대통령 개인에 대한 심판이 아니라, 대한민국의 법치주의와 민주주의 원칙이 제대로 작동할 수 있는지 여부를 결정하는 역사적 분기점임을 강조했다. 헌법재판소의 결정을 통해 대한민국이 적법절차와 합의정신을 회복하고 성숙한 민주주의로 나아갈 수 있기를 촉구한 것이다.

이번 나 의원의 탄원서는 대한민국 헌정사가 처한 위기의 본질을 날카롭게 지적하면서, 헌법적 가치의 회복과 민주주의 원칙의 중요성을 다시금 일깨워준다. 헌법재판소의 현명한 판단을 기대하며, 대한민국이 법치와 민주주의의 위기를 극복하는 계기가 되길 바란다.

# 변론 재개의 포기, 결단인가 후퇴인가

윤석열 대통령 석방 이후 여권에서는 헌법재판소의 탄핵심판 변론 재개를 요구하는 목소리가 크게 높아졌다. 국회가 내란죄 혐의를 철회한 점, 헌재의 절차적 논란, 그리고 최근 곽종근 전 특전사령관의 녹취록이 공개되면서, 사건의 본질에 변화가 있다는 것이 그 이유였다. 특히 국민의힘 권성동 원내대표는 헌재가 절차적 정당성을 확보하기 위해 변론을 재개해야 한다고 강조했다.

하지만 윤석열 대통령 측은 결국 변론 재개를 헌재에 요청하지 않기로 결정했다. 이는 헌재가 변론을 재개해도 그간의 절차적 하자가 완전히 해소되지 않을 뿐 아니라, 재판이 장기화될 경우 이념 성향이 뚜렷한 마은혁 후보자가 재판관으로 임명될 가능성을 우려한 전략적 판단으로 보인다.

이러한 선택은 헌법재판소 심리의 절차적 문제를 정면에서 지적하면서, 탄핵심판 자체가 무효임을 뜻하는 각하 결정을 강력히 요구하는 방향으로 전략을 집중하려는 것으로 해석된다. 실제 윤갑근 변호사는 탄핵소추 자체가 무효이며 각하가 필수적이라고 강조해 왔다.

이제 윤 대통령 측은 헌법학자들의 의견서를 근거로 탄핵심판 청구의 각하 필요성을 보다 구체적으로 부각하는 전략에 집중할 것으로 전망된다. 결국, 윤 대통령 측이 변론 재개라는 변수를 피하고 정면돌파를 선택한 것은 헌재 심판의 정치적 부담을 최소화하고 법리 싸움에서 우위를 점하기 위한 고도의 전략적 결단이라고 평가할 수 있다.

# Chapter 5

# 뒤집힌 민심

# 윤석열 석방, 검찰의 꼼수

서울중앙지법에서 지귀연 판사가 윤대통령의 구속취소 판결을 내린 후에도, 강민구 전 서울고법 부장판사가 지적한, 검찰의 '석방지휘 지연' 문제는 현재의 검찰이 법치주의를 위협하는 심각한 위법 행위를 저지르고 있다는 점을 정확히 짚어냈다.

법원이 윤석열 대통령의 구속취소 결정을 내린 이후, 검찰이 자정이 지나도록 즉시항고 여부 검토를 핑계로 석방지휘를 지연한 행위는 명백히 위법하며 법적 근거도 없다. 형사소송법 제93조는 법원이 구속 사유가 없다고 판단하여 취소 결정을 내릴 경우, 검찰은 즉시 그 집행을 지휘해야 할 의무가 있다고 규정하고 있다. 그런데도 검찰이 즉시항고 여부를 이유로 지연하는 것은 법원의 결정을 실질적으로 무력화하려는 의도로 해석될 수밖에 없다.

더욱이 즉시항고라는 절차 자체가 법원의 결정에 대한 효력정지 효과를 가지는 것이 아니라는 점에서, 검찰의 행위는 법적 정당성을 잃고 있다. 이 같은 행태는 형법상 직권남용죄 및 불법감금죄에 해당할 가능성도 배제할 수 없다. 즉, 검찰은 이미 결정된 사법부의 판단을 무시하고, 대통령에 대한 구금을 불법적으로 연장한 셈이 된다.

헌법재판소는 이미 구속 상태를 부당하게 지속시키는 것이 헌법 제12조의 신체의 자유를 침해하는 중대한 위헌 행위라고 판시한 바 있다. 이는 단순히 절차상의 문제가 아니라, 국가기관의 존재 목적과 민주적 기본질서를 무시하는 중대한 헌법 위반 행위다. 헌법재판소는 특히, 구속 관련 법원의 판단이 검사나 다른 기관의 의견으로 인해 제약받아서는 안 된다고 명확히 밝힌 바 있다.

지금 검찰은 법치주의의 근간인 사법부의 판단을 존중하고, 정치적 의도를 배제한 채 본연의 역할에 충실해야 한다. 검찰이 법원의 결정을 무시하거나 의도적으로 지연시키는 행태가 계속된다면, 이는 대한민국의 민주주의와 법치주의의 근본을 흔드는 매우 위험한 선례가 될 것이다. 따라서 검찰은 즉각적으로 윤 대통령에 대한 석방을 지휘하고, 헌법적 질서로 돌아와야 할 것이다.

# 광기 속의 MBC

3월 8일, 윤석열 대통령의 석방 소식은 많은 시민들에게 환호와 감동을 선사했다. 그러나 이날 MBC 뉴스데스크 김경호 앵커가 방송을 열며 던진 말은 충격적이었다. "오늘 많이 어이없고, 황당하고 답답하셨을 것 같습니다." 중립성을 외면한 공영방송 앵커의 첫 마디가 수많은 국민의 기쁨과 감격을 정면으로 부정하며 시작되었다는 점에서, 이는 MBC의 공영방송 자격 자체를 의심케 하는 일이었다.

그날 MBC 뉴스데스크의 일반뉴스 리포트 12개 모두는 오직 윤 대통령 석방에 대한 비난과 저주에 가까운 공격으로 채워졌다. 같은 날, 북한은 핵잠수함 건조 현장을 공개했고, 미국 트럼프 대통령은 한국 반도체 산업에 중대한 위협을 줄 수 있는 발언을 했다. 그러나 MBC는 이런 중대한 뉴스들은 보도하지 않았다. 윤 대통령 석방에 대한 증오와 분노로 가득찬 보도를 전달하느라, 정작 국민이 반드시 알아야 할 국가적 위기 상황은 의도적으로 배제한 듯 보인다.

특히 김경호 앵커는 "법원이 누구에게나 적용되던 구속 기준을 오직 윤 대통령에게만 달리 했다"고 주장했다. 그런데 이 근거는 무엇인가? MBC의 보도에서는 명확한 증거나 분석을 찾을 수 없었다. 오히려 윤 대통령에 대한 석방 결정은 이미 대검찰청의 검사장급 이상 간부 6명이 만장일치로 "위헌 소지가 있다"며 즉시항고를 포기한 사안이다. MBC는 그런 헌법적 판단조차 외면하고, 윤 대통령을 무조건 구속 상태에 둬야 한다는 편협한 정치적 논리를 공공연히 드러냈다.

그런데 MBC의 보도 행태는 과거 민주당 출신 인사들에 대해서는 전혀 다른 기준이었다. 지난해 '드루킹 댓글 조작' 사건으로 구속된 김경수 전 지사가 보석으로 풀려났을 때나, 돈봉투 사건으로 구속된 송영길 전 민주당 대표가 보석으로 석방됐을 때 MBC는 침묵을 지켰다. 그때는 즉시항고를 하라고 검찰을 다그치지 않았다. 오직 윤석열 대통령에 대해서만 즉시항고를 하지 않은 검찰을 "잘못된 판단"이라 몰아세우는 이유는 무엇인가?

더욱 심각한 것은 MBC 뉴스의 노골적인 편향성이다. 윤 대통령의 석방을 다룬 기사에 "내란 우두머리가 개선장군?"과 같은 자극적인 제목을 사용하며 대통령을 직접적으로 모욕하는 표현을 쏟아냈다. "탄핵소추로 직무가 정지된 대통령이지만, 그런 사실을 까맣게 잊은 듯하다", "온갖 법기술을 동원해 사법체계를 흔들었다"는 등 극도로 주관적이며 선동적인 표현들이 보도 전반에 넘쳐났다.

MBC는 탄핵 반대 집회는 "거짓 주장", "헌재 공격 노골화"라는 비판적 표현으로 폄훼하면서도, 민주당 등 야당 주도의 탄핵 찬성 집회는 중립적이고 정의로운 "시민들"의 모습으로 포장했다. 심지어 자신들의 의견과 다른 세력을 "극우"로 매도하면서도, 반대 진영을 "극좌"나 민주당을 "좌파정당"이라고는 절대 부르지 않는다. 이는 언론이 기본적으로 지켜야 할 균형과 공정성 원칙마저 무너뜨리는 행태다.

지금 MBC가 보여주는 행태는 언론의 책무인 진실 추구와 공정성을 버린 채, 자신들이 원하는 정치적 프레임을 강화하는 선동적 보도라 하지 않을 수 없다. 국가적으로 중요한 문제는 의도적으로 외면하면서, 대통령에 대한 개인적 증오심만을 여과 없이 쏟아내는 MBC의 모습에서 언론의 자유가 아니라 언론의 폭력을 목격하는 듯해 씁쓸할 뿐이다.

출처: 공정언론국민연대 성명 | 문호철

# 언론의 배신, 민심의 반격

　최근 대한민국에서 벌어지고 있는 탄핵 반대 집회 현장을 유튜브 영상에서 보았다. 언론의 보도와는 전혀 다른 현실을 마주하면서 큰 충격을 받았다. 새벽 2시 한남동의 거리에는 끝없이 이어진 젊은이들의 행렬이 있었으며, 언론이 자주 부각하는 노년층은 오히려 드물었다. 이 젊은이들의 대부분은 20대에서 40대였고 심지어 고등학생들까지 참여하고 있었다. 이는 명백히 언론이 민심을 은폐하고 있음을 보여준다.

　집회 현장은 시민들의 자발적인 지원과 나눔으로 가득했다. 좌파 진영에서 흔히 볼 수 있는 생색내기식의 도움은 없었고, 무료 커피와 따뜻한 물, 마스크는 누구나 자유롭게 이용할 수 있었다. 이곳에서 만난 몇몇 젊은이들과의 대화를 통해 이들이 좌파의 전횡에 맞서 자유와 정의를 지키기 위해 나왔다는 사실을 알 수 있었다. 심지어 교수들도 성명을 통해 이 운동에 동참했으나 주요 언론은 철저히 침묵하고 있다. 과거 언론인으로서 나는 이런 현실이 부끄러울 따름이다.

부산역에서 열린 탄핵 반대 집회는 오후 4시 기준 이미 100만 명을 넘어섰다. 부산역 광장은 물론 역사 내부와 인근 건물의 옥상까지 사람이 가득했고, 그로 인해 열차 연착까지 발생했다. 지하철역 내부에서도 시위가 이어졌으며, 특히 전한길 강사의 연설 때는 주변 도로까지 질서정연하게 인파가 넘쳤다. 유튜브 실시간 접속자 수는 매일신문만 11만 명을 돌파했으며, 다른 우파 유튜브 채널의 접속자 수는 300만 명을 넘었다. 이는 부산지역 역사상 최대 규모의 정치적 집회였으며, 서울 광화문과 헌법재판소 앞에서도 최대 규모의 인파가 모여 대통령 탄핵 반대를 외쳤다.

국내 주요 좌파 매체들이 이 현상을 외면하는 가운데, AP통신과 CNN, BBC 등 해외 유수 언론사들이 현장을 직접 취재하며 국제적인 관심을 보여줬다. 전한길 강사의 "조기대선은 없다. 윤석열 대통령 탄핵 무효, 즉각 복귀!"라는 외침에 부산 시민들은 박수와 눈물로 응답했다.

결국, 언론이 왜곡하고 은폐하려 했던 진실은 국민들의 자발적이고 강력한 움직임으로 표출되었으며, 이는 대한민국 정치 지형의 근본적인 변화를 예고하고 있다. 지금 우리에게 필요한 것은 언론의 왜곡된 정보가 아니라, 국민들의 진정한 목소리에 귀를 기울이는 자세이다. 이러한 기성 언론의 왜곡과 은폐에도 불구하고 유투브가 진실을 전하여 자유민주주의 체제를 수호하고 있는 것은 언론환경에서 특이점에 도달했다는 증거다. 자유민주주의 체제를 수호하려는 민심은 유투브와 함께 하고 있으며, 기성 언론은 오히려 이 유투브의 영향을 받고 있다.

# 미디어 전쟁, 자유의 외침

얼마 전, 싱가포르 국영방송에서 인터뷰를 했을 때의 일이다. 기자가 편향된 질문을 던지며 나를 윤석열 대통령의 지지자로 규정짓는 모습에 화가 났다. 이 경험을 계기로 스페인의 현지 우파 매체와 접촉해 공정한 목소리를 내고자 노력했지만, 전 세계적으로 레거시 미디어가 좌파의 영향력 아래 놓여 있다는 현실을 새삼 깨닫게 되었다.

스페인의 상황도 크게 다르지 않다. 현 좌파 정권이 연정을 맺어 총선 결과를 뒤집으며 반국가적 세력과 손잡고 권력을 공고히 하고 있다. 심지어 보수 성향으로 분류되는 매체들조차 좌파의 압력으로 점점 편향되어 가고 있다. 최근 스페인의 대표적 보수지인 엘 문도에 칼럼을 쓰던 우파 성향의 전직 교수를 만났는데, 그는 좌파 세력의 압력으로 사실상 퇴출되어 지금은 프리랜서 저널리스트로 활동하고 있다며 씁쓸한 현실을 전했다. 이런 그의 처지를 보면서 나는 깊은 미안함과 안타까움을 느꼈다.

해외에서 정치적 목소리를 내는 것이 점점 더 어려워지고, 유럽에 있는 한국인들조차 좌편향되어 있어 자유롭지 않다는 사실은 나를 더욱 불안하게 만든다. 하지만, 포기할 수는 없다. 할 수 있는 만큼 최선을 다해 이 편향된 현실과 맞서 싸워야 한다고 다짐한다.

최근 미국에서는 한미연합회(AKUS)가 미국 의회 전문지인 『더 힐(The Hill)』에 윤석열 대통령의 대국민 성명을 지면 광고 형식으로 실었다는 소식을 접했다. 더 힐은 미 연방의회와 백악관, 워싱턴 주요 기관에 배포되는 매우 영향력 있는 매체이다. 영 김 연방하원의원 또한 '더 힐'을 통해 한국 내 탄핵 세력이 한미동맹을 약화시키고 있다고 경고하며 반향을 일으켰다.

현재 헌법재판소가 대통령의 방어권을 제대로 보장하지 않은 채 무리하고 독단적인 재판을 진행하는 상황은 어떤 결론이 나오든 국민의 인정과 존중을 받기 어려울 것이다. 이런 무리한 정치적 시도는 결국 국민의 거대한 저항과 혁명적인 역풍을 불러일으킬 수밖에 없을 것이다.

우리는 지금 자유를 지키기 위한 치열한 싸움의 한가운데 서 있다. 레거시 미디어의 편향성과 정치적 압력에 굴하지 않고, 공정한 목소리를 낼 수 있도록 끝까지 노력해야 한다.

# 탄핵 반대, 민심이 움직이다

최근 대한민국의 정치 지형이 급격히 변화하고 있다. 2025년 3월 1일, 윤석열 대통령 탄핵을 반대하는 범국민적 집회가 서울을 비롯한 전국 주요 도시에서 대규모로 열렸다. 이날 집회는 우리공화당, 자유대학연합, 자유통일당, 국본, 전군연합구국동지회 등 다양한 단체와 시민들이 참여한 가운데 진행되었다. 이들의 핵심 메시지는 '탄핵 반대', '윤석열 대통령 즉각 석방', '자유민주주의 수호' 등으로, 정치적 위기 속에서 보수 진영이 결집한 모습이었다.

특히 주목할 점은, 탄핵 반대 운동이 과거의 보수층 중심의 '태극기 집회'를 넘어 청년층으로 확산되고 있다는 점이다. 이날 대학로 마로니에공원에서 진행된 대학생 중심의 집회는

2030세대가 자유민주주의와 윤석열 대통령 탄핵 반대 목소리를 강력하게 표명했다는 데 큰 의미가 있다.

실제로 2025년 1월 16일 파이낸스투데이와 더퍼블릭이 공동으로 (주)여론조사공정에 의뢰하여 실시한 조사에 따르면, 윤석열 대통령의 지지율은 큰 폭으로 상승하며 45.3%를 기록한 것으로 나타났다. 서울, 부산·울산·경남 등 주요 지역에서 긍정 지지율이 50% 안팎을 기록했고, 특히 18~20대와 30대 청년층에서 높은 지지율을 보이고 있다. 이는 기존의 보수적 지지 기반을 넘어 청년 세대가 정치적 위기 상황에서 윤 대통령을 지지하는 방향으로 움직이고 있다는 것을 의미한다.

이러한 흐름은 최근 헌법재판소 탄핵 심판 과정에서 드러난 민주당의 일방적이고 독단적인 의회 운영에 대한 반발심리가 크다는 것을 반영하고 있다. 국회의 민주당 독주에 대한 시민들의 우려와 피로감이 축적된 결과로 볼 수 있다.

결국 이번 대규모 탄핵 반대 집회와 윤석열 대통령 지지율 반등 현상은 단순히 대통령 개인에 대한 지지를 넘어, 대한민국의 민주주의와 법치주의를 지키고자 하는 국민들의 강력한 의지를 나타낸다. 이는 현 정치 국면에서 중대한 전환점으로 작용할 가능성이 크며, 향후 탄핵 심판 결과와 무관하게 정치 지형을 재구성하는 계기가 될 것이다.

# 다시 오르는 지지율의 비밀

최근 리얼미터의 여론조사(2025년 1월 27일)를 면밀히 살펴보면, 윤석열 대통령 지지율이 서부지법 사태 이후에도 지속적으로 회복세를 보이고 있음을 알 수 있다. 특히 주목할 점은 일반적인 ARS 조사에 비해 높은 응답률(7.8%)을 기록했다는 것이다. 이는 응답자들이 면접조사에서 나타나는 샤이 우파 현상 없이, 보다 솔직하게 윤 대통령 지지 입장을 밝히고 있음을 의미한다. 즉, 현재 윤 대통령에 대한 대중의 지지 여론은 일시적 착시나 우파 진영 내의 결집만으로는 설명하기 어렵다.

계엄 사태 직후 일시적으로 급락했던 윤 대통령의 지지율은 최근 오히려 중도층을 흡수하며 반등세를 지속하고 있다. 특히 우파 진영 내에서조차 윤 대통령에 대해 비판적이었던 인물들이 시간이 흐르면서 지지로 돌아서는 현상이 뚜렷하게 나타나고 있다. 이는 윤 대통령에 대한 부정적 평가가 일시적이거나 과장된 것이라는 방증이다.

윤 대통령의 지지율 상승은 또한 향후 '차기 대선 국면'에서도 매우 중요한 의미를 갖는다. 야권의 기대와 달리, 윤 대통령이 탄핵 국면으로 인해 정치적 영향력이 축소되거나 지지층 내에서 소외될 가능성은 거의 없다. 오히려 차기 대선 국면에서 윤 대통령의 탄핵 및 계엄 사태에 대한 입장이 주요 쟁점으로 부각되면서, 윤 대통령의 정치적 존재감은 더욱 두드러질 가능성이 크다.

무엇보다 중요한 점은, 윤 대통령을 둘러싼 탄핵 및 구금 과정에서 나타난 사법부와 야권의 무리수와 불법성에 대한 국민적 반감이 이미 확산되어 있다는 것이다. 과거 한국 정치사의 사례들에서 보듯이, 부당한 탄압과 억압은 오히려 정치적 서사를 강화하고 지지층의 결집을 유발하는 계기가 되어왔다. 김대중 전 대통령과 노무현 전 대통령의 사례에서도 볼 수 있듯이, 정치적 탄압과 부당한 대우는 강력한 정치적 자산이자 서사로 기능했다.

특히 윤 대통령의 지지 기반인 우파 진영은 이제 최초로 '부당함에 맞서 싸우는 강력한 서사'를 형성하고 있다. 이 서사는 과거 좌파 진영의 386세대가 민주화운동을 통해 정치적 주도권을 잡았던 것과 유사한 구조를 갖추고 있다. 지금의 MZ세대를 중심으로 한 우파 지지층은 거리 정치, 디지털 정치, 그리고 내부 패권 투쟁을 경험하며 단련되고 있다. 즉, 우파 진영은 이번 계엄 및 탄핵 국면을 계기로 과거 좌파 진영이 그러했던 것처럼 정치적 야성과 투쟁력을 갖춘 새로운 정치 세력으로 진화하고 있는 것이다.

이러한 맥락에서, 윤석열 대통령의 정치적 서사는 단순히 개인적 지지율의 문제를 넘어 향후 대한민국 정치 구도의 근본적 변화를 예고하는 중요한 지표가 될 것이다.

# 급반등의 진짜 이유는 '반(反)이재명'

12·3 비상계엄 이후 윤석열 대통령의 지지율이 극단적인 하락을 겪었다가 최근 회복세로 전환되고 있다. 한국갤럽의 조사에 따르면, 지난해 12월 계엄 사태 직후 윤 대통령의 지지율은 역대 최저치인 17.5%까지 급락했으나, 불과 3주 만에 34.3%로 급반등하는 추이를 보이고 있다. 특히 주목할 점은 민주당의 전통적인 텃밭인 호남 지역에서조차 24.6%라는 비교적 높은 지지율이 나타났다는 점이다.

일부 정치 분석가들은 이를 보수층 결집 효과로 풀이하고 있지만, 필자는 다른 해석을 제안하고자 한다. 보수층 결집만으로는 호남 지역에서의 지지율 상승을 온전히 설명하기 어렵다. 오히려 윤 대통령 지지율 회복의 근본적 원인은 '반(反) 이재명 효과'에 기인한 것으로 보는 것이 합리적이다.

현재 더불어민주당 내부에서 이재명 대표 외에 유력한 차기 주자가 부재한 점이 오히려 중도층과 일부 좌파 성향 유권자들 사이에서 윤 대통령에 대한 소극적 지지를 촉발한 것으로 보인다. 더불어민주당은 이 대표 외에 새로운 대안을 제시하지 못한 채 사실상 '이재명 독주 체제'로 가고 있다. 비명계로 불리는 김동연 경기지사, 김부겸 전 국무총리, 김경수 전 경남지사 등의 지지율을 합쳐도 5%를 넘지 못하는 현실은 더불어민주당의 심각한 내부 문제를 단적으로 보여준다.

이러한 더불어민주당의 구조적 한계와 이재명 대표 개인의 사법 리스크가 맞물려 중도층 유권자들로 하여금 '그래도 이재명은 안 된다'는 정서를 자극하게 된 것이다. 공직선거법 위반 혐의로 재판 중인 이 대표가 1심에서 의원직 박탈과 피선거권 제한이 가능한 중형을 선고받았다는 사실은 앞으로의 정치적 리스크를 더욱 키우고 있다.

더불어민주당이 계엄 사태 이후 '조기 대선'에 대해 함구령을 내렸으나, 이 대표는 이미 작년 10월부터 친명계 의원 50여 명을 동원해 사실상 대선 준비를 진행해 왔다. 결과적으로 더불어민주당의 함구령은 이재명 독주 체제를 공고히 하고 다른 잠재적 주자들의 성장을 막는 역효과를 낳고 있다. 이런 배경에서 중도층과 일부 호남 민심마저 윤 대통령에게 '차악(次惡)'의 선택으로 돌아서고 있는 것이다.

더불어민주당은 이재명 대표의 법적 문제와 당내 독주 체제가 지속되는 한, 정권교체를 꿈꾸는 중도 유권자들의 지지를 얻기 어려울 것이다. 윤 대통령의 지지율 상승은 단순한 보수 결집 효과라기보다는 더불어민주당이 자초한 '이재명 리스크'의 반사효과라는 점에서 더불어민주당이 깊이 고민해야 할 문제임을 지적하지 않을 수 없다.

# 우파는 왜 무너지지 않는가

## 문재인 정권 학습 효과, '디지털 의병단' 활약

12·3 비상계엄과 탄핵 사태 이후 윤석열 대통령 지지율이 상승하는 기현상이 나타나고 있다. 이른바 '최순실 태블릿 PC' 보도 이후 지지율 급락과 탄핵, 구속이 일사천리로 이어졌던 박근혜 전 대통령 때와는 사뭇 다르다. 그러자 대통령과 거리 두기에 바빴던 국민의힘 의원들이 한남동 관저로 몰려가 체포에 반대하는 집단행동에 나섰다. 이 역시 '박근혜 탄핵' 때는 보지 못했던 장면이다.

왜 이런 일이 벌어지고 있는 것일까. 그때와 지금은 무엇이 다른가. 이런 질문들에 대한 답이 보수(保守) 복원(復元)에 대한 단초를 제공할 수 있기에 한번 살펴보았다.

## 학습효과와 더불어민주당의 무리수

박근혜 정권 탄핵과 그후 촛불 집회의 결과로 문재인 정권이 들어섰고, 이는 5년간의 실정(失政)과 친북(親北) 노선으로 이어졌다. 이러한 경험은 대중에게 일종의 면역(免疫) 효과를 남겼다. 과거에는 선동적인 가짜 뉴스를 쉽게 받아들였다면, 이제는 휘둘리지 않고 있다.

조기(早期) 대선이 치러질 경우 다음 대권을 잡을 유력 야당 주자가 그때는 문재인 당시 더불어민주당 대표였고, 지금은 이재명 대표라는 점도 간과할 수 없다. 박근혜 탄핵 당시 문재인의 비호감도는 46%였다. 이재명 대표는 조사에 따라 그 수치가 60%에 육박한다. 문재인 정권 5년 동안의 경험을 통해 이재명 정부가 들어설 경우 더 큰 사회적 위기가 닥칠 것이라는 위기감에 보수가 결집하고 있는 것이다. 문재인 정권의 정책 실패와 친북 노선은 지난 대선에서 윤석열 후보에게 투표했다가 이탈한 중도층조차 쉽사리 이재명 지지로 돌아서지 못하게 만드는 심리적 장벽으로 작용하고 있다.

## 역효과 부른 '내란 수괴' 프레임

이재명 대표가 이끄는 더불어민주당의 '내란' 프레임은 보수의 집결과 중도의 이반을 불러왔다.

'내란 수괴'라는 과장된 프레임도 중도층에게는 큰 역효과로 작용하고 있다. 각종 여론조사를 보면, 중도 성향 유권자들은 대체로 "계엄은 잘못되었다"거나 "탄핵이 가능할 수도 있다"고 생각하는 듯하다. 그러면서도 계엄령 선포가 곧 내란이라거나 윤 대통령이 '내란 수괴'라는 프레임에는 좀 더 유보적인 태도를 보이고 있다.

그 이유는 내란 프레임을 주도하는 사람이 바로 전과 4범이자 공직선거법 1심에서 2년형을 선고받은 이재명 대표이기 때문이다. 1심에서 유죄(有罪)를 선고받고도 자신은 '무죄(無罪) 추정의 원칙'에 의거해 결백하다는 사람이 아직 기소도 되지 않은 상대방을 향해서는 '내란범'이라고 단언한다면 얼마나 설득력을 가질 수 있겠는가.

계엄을 전후한 이재명 대표와 더불어민주당의 행보도 박근혜 정부 때와 달리 보수의 결집을 부른 요인이다. 계엄 전 더불어민주당은 독자적인 예산 삭감, 노란봉투법이나 양곡법 등 위헌적(違憲的) 법안 등을 발의했으며, 대통령이 거부하자 줄탄핵 등으로 행정부의 기능을 상당 부분 마비시켰다. 대통령 탄핵소추 이후에는 헌법재판관 임명 거부를 이유로 한덕수 대행을 탄핵한 데 이어 최상목 대행까지 탄핵할 수 있다고 협박했다. 점령군 혹은 볼셰비키의 소비에트 체제를 연상시키는 이런 무리한 행보가 보수는 물론 중도층마저 고개를 갸웃거리게 만들었다.

더군다나 더불어민주당이 탄핵소추안에서 내란죄를 철회하기로 한 것도 '내란죄' 프레임에 대한 정서적 거부감을 더욱 높인 요인이 되었다. 기존의 과장된 프레임이 설득력을 잃었음을 더불어민주당 스스로 자인(自認)한 셈이기 때문이다. 또한 이러한 과정 자체가 무리하고 적법하지 못하다는 인상을 남기며, 탄핵의 명분과 절차의 정당성을 스스로 훼손하는 빌미를 제공했다.

## '親美-反中' 대 '反美-親中' 전선

'친미-반중' 대 '반미-친중' 전선(戰線)이 나타난 것도 박근혜 탄핵 때와 구별되는 흥미로운 차이점이다. 박근혜 탄핵 당시에는 좌우 진영 간의 단순한 대결이었지만, 이번 윤석열 대통령 탄핵 상황의 경우는 '친미-반중'과 '반미-친중'이라는 지정학적(地政學的) 대립 구도를 형성하고 있다.

이 같은 새로운 전선이 형성된 결정적 계기는 1차 탄핵안 문구였다. "가치 외교라는 미명하에 지정학적 균형을 도외시하고, 북한·중국·러시아를 적대하며, 일본 중심의 외교 정책을 고집했다"는 문구가 2차 탄핵안에서는 삭제됐지만, 이는 더불어민주당과 좌파 진영이 윤석열 정부를 '친미-반중' 정권으로 규정하고 있음을 보여준다. 뒤집어 말하면, 탄핵 찬성 진영이 스스로를 '친중-반미'임을 자인하는 듯한 자충수(自充手)가 되었다.

또한 이 문구는 계엄과 탄핵 사태가 단순한 국내 정치 싸움을 넘어 국제 질서의 재편 속에서 한국을 두고 벌어지는 지정학적 갈등의 일환일 수 있다는 인식을 국민들에게 심어주었다.

이런 와중에 도널드 트럼프 당선에 1등 공신 역할을 하며 '퍼스트 버디(first buddy)'가 된 일론 머스크 테슬라 창업자의 언행도 화제가 되었다. 그는 한국의 탄핵 반대 집회에 "Wow"라고 코멘트를 남기고 윤 대통령의 X(옛 트위터) 계정을 팔로우했다. 보수 진영 일각에서는 이를 두고 친중 성향이 강한 이재명 대표의 집권을 트럼프 정부가 반기지 않는다는 신호로 해석하기도 한다. 현재로서는 근거가 약한 희망적 사고로 보는 의견이 있지만, 계엄과 탄핵 사태가 단순한 내정(內政) 문제를 넘어 미중(美中) 패권(覇權) 경쟁이 격화되는 시점에 벌어진 지정학적 이슈라는 사실은 부인하기 어렵다.

## 미디어 지형의 변화와 이대남의 참전

탄핵 정국에서 인기를 끌고 있는 우파 유튜버 그라운드씨. 더불어민주당이 그를 고발했지만, 그는 오히려 이를 조롱했다.

윤석열 대통령 탄핵이 박근혜 전 대통령 탄핵과 다른 양상으로 전개되는 또 다른 이유는 미디어 지형의 변화에서 찾을 수 있다. 신문이나 방송 등 레거시 미디어의 영향력이 절대적이었던 박 전 대통령 탄핵 당시와 달리, 지금은 유튜브나 페이스북, 인스타그램 같은 소셜미디어의 영향력이 놀라울 만큼 커졌다. 이를 통해 탄핵 반대 진영도 '이념의 진지전(陣地戰)'이 가능해졌다.

이런 맥락에서 눈길을 끄는 것이 MZ세대 청년 디지털 인플루언서들의 참전(參戰)이다. 청년의 목소리로 보수의 논리를 설파하는 이들은 반중 정서가 강한 청년들로 하여금 탄핵을 다시 한 번 생각해 보도록 만드는 데 중요한 역할을 하고 있다.

가령, 유튜브 크리에이터인 '그라운드 C'는 이번 사태를 통해 가장 큰 주목을 받은 인물 중 하나다. 탄탄한 우파적 이념과 역사 지식을 바탕으로 한 그의 방송은 동시 접속자 5만 명을 기록할 만큼 큰 인기를 얻었다. 신남성연대, 트루스포럼을 비롯한 기독교 청년 단체들도 이번 탄핵 사태에서 두각을 나타내고 있다.

이런 '디지털 의병단'은 기존 정치적 어젠다를 넘어선 새로운 문화적 전쟁의 주역으로 부상(浮上)하고 있다. 그간 이들은 부동산, 재테크, 영화 리뷰 등 다양한 주제의 채널들을 운영하며 국내 정치 현안에 거리를 두었으나 이번 비상계엄 사태, 탄핵 국면과 관련해서는 정치적 목소리를 내기 시작했다. 과거 정치적 중도 성향을 유지하던 사람들조차 계엄과 탄핵 이슈와 관련해서는 적극적으로 개입하고 있다.

이를테면 종교인들은 종교 채널을 운영하며 교계 내 보수 목소리를 전하고, 부동산 전문가들은 재테크 채널을 통해 더불어민주당과 이재명 정권 등장 시 경제적 불안을 강조하며 지지층을 결집시키고 있다. 한 도시계획 전문가는 자신의 유튜브 채널에 「대통령 탄핵을 막아야 한다」는 영상을 올려 10만 조회수를 기록했다. "더 이상 김어준과 더불어민주당에 속을 수 없다"는 말로 좌파에서 우파로 전향을 선언하며 다양한 분야와 세대를 아우르는 마이크로인플루언서들도 속속 출현하고 있다.

## 2030 남성들의 참전

이런 '디지털 의병단'의 출현은 젊은 세대에 팽배한 젠더(gender) 갈등의 산물이기도 하다. 뉴진스, 소녀시대 등 인기 연예인들이 이대녀 중심의 탄핵 찬성 촛불 집회를 지원하자 극단적 페미니즘과 PC 문화에 대한 반감을 가지고 있던 이대남과 우파 진영이 항거에 나선 것이다.

과거 86운동권은 독재 정권에 맞선 반독재 투쟁의 명분을 내세워 민주주의를 쟁취했다. 하지만 시간이 흐르면서 이들의 투쟁 방식은 왜곡되어 침묵할 권리를 억압하고, 타인의 목소리를 억누르는 전체주의적 행태로 변질되는 양상을 보이고 있다. 이들은 마치 반동(反動)분자 낙인을 찍듯 이견(異見)을 가진 소수(少數)를 향한 집단적 폭력성을 지속적으로 드러내고 있다. 이러한 억압적 문화는 단순히 과거의 운동권적 태도에 머무르지 않고, 온라인 공간으로 확산되어 더욱 심화된 형태로 나타나고 있다.

현재 여초 사이트에서 나타나는 집단행동은 1990년대 아이돌 팬덤 문화와 닮아 있으며, '온라인 부족주의'에 기반한 새로운 형태의 억압적 문화로 진화하고 있다. 이들은 "우리는 다 같은 한편"이라는 정체성을 내세워 자신들의 감정을 상하게 한 인물을 공격 대상으로 삼는다. 대표적으로 임영웅과 차은우가 표적이 되었는데, 임영웅은 자신은 가수이기에 정치적 발언은 하지 않겠다는 '소극적 저항'을 했다는 이유로, 차은우는 단지 화보를 올렸다는 이유만으로 비난의 대상이 되었다. 여초와 좌파 커뮤니티에서는 "시대를 읽지 못한다"거나 "기분 상하게 했다"는 이유로 이들 연예인에 대한 공격을 정당화하며, "대한민국 국민 자격이 없다"는 등의 막말로 집단적 왕따와 모욕을 일삼았다.

이러한 행동은 과거 운동권의 '반동분자' 딱지 붙이기와 유사하지만, 본질적으로는 감정적 보복에 가깝다. 과거 운동권이 정치적 명분을 내세웠다면, 여초 사이트의 집단행동은 "내 기분을 상하게 했으니 혼내겠다"는 식의 개인적 감정 해소에 가깝다. 이러한 문화는 팬덤의 갑질 문화와 결합해 연예인의 침묵할 권리를 침해하며, 임영웅과 차은우 같은 인물을 공적 비난의 대상으로 삼고 있다.

이처럼 여초 사이트와 페미니즘-다양성 담론에 고무된 이대녀와 아이돌 팬덤이 탄핵 찬성의 전면에 나서자 '부정선거' '반중' '반페미니즘'을 중심으로 한 2030 남성들이 참전하면서 뜻하지 않게 우파 진영의 우군이 된 셈이다.

## '개념 연예인'의 쇠퇴

이대남의 참전은 박근혜 탄핵 때와는 다른 차이점을 뜻하지 않게 또 하나 만들었다. 바로 '개념 연예인'의 쇠퇴다. 물론, 이번 탄핵 정국에서도 지난 박근혜 정권 탄핵 당시처럼 개념 연예인을 선점하려는 시도는 빈번했다. 이를테면 국민가수로 불리는 아이유는 탄핵 찬성 집회 참가자들을 위해 빵 200개, 음료 200잔, 떡 100개, 국밥 300그릇을 선결제한 사실이 알려지며 화제가 되었다. 그러나 그는 8년 전 "박근혜 나와"를 외쳐 개념 연예인으로 부상했던 정우성과 같은 성과는 얻지 못했다.

미국인 우파 유튜버 '천조국 파랭이'는 이를 비꼬며 "아이유를 CIA에 신고했다"며 윤석열 탄핵 찬성 집회에 참여하거나 이를 지지하는 연예인들을 조롱하는 영상을 게시했다.

해당 영상에서 그는 "이런 깨어 있는 연예인들의 행보를 널리 알리자"며 아이유를 비롯해 가수 이승환, 소녀시대 유리, 뉴진스, 봉준호 감독 등의 윤 대통령 탄핵 지지를 '반미 행위'로 규

정하고, 'CIA 신고 리스트'를 공개했다. 물론 실질적 효과보다
는 풍자와 조롱, 젊은 세대에 익숙한 '디지털 놀이'에 가깝다.

이 과정에서 가수 이승환이 "나는 반미가 아니다"라고 해명
하며 당황하는 모습을 보였고, 이는 오히려 네티즌들의 비웃
음을 사며 풍자의 효과를 강화했다. 'CIA 대첩'으로 불리는
이번 사태는 청년 세대가 탄핵 반대 캠페인을 펼치며 정치적 효
능감을 느끼는 계기가 되었으며, 놀이와 정치가 결합하는 독
특한 사례로 남게 되었다.

이런 현상은 우파 내부에서의 새로운 청년 정치의 가능성을
보여준다. 국민의힘과 우파 정치권은 그동안 '이준석 포비아'에
빠져 청년 세대의 어젠다를 제대로 제도권 정치에서 의제화하지
못했다. 지난 22대 총선에서 국민의힘이 패배한 이유도 이준석을
내친 후 새로운 청년 리더를 세우는 데 실패했기 때문이다.


## 새로운 청년 정치의 가능성

이준석의 등장과 대통령과의 끊임없는 충돌은 우파 정치권에
서 '청년 울렁증'을 심화시켰다. 그러나 청년 세대는 특정 인물에
충성하기보다는 자신들의 이득에 민감하며, 여가부 폐지와 할
당제 폐지 같은 실력 기반의 공정한 보상 체계를 요구한다. 이러
한 요구에 제도권 정치가 응답했다면, 이준석에 대한 논란을 넘

어 청년들과의 접점(接點)을 넓히는 기회가 되었을 것이다. 하지만 관료주의와 보신주의(補身主義)에 젖은 우파 정치권은 이를 위협으로 간주했고, 청년 관련 의제를 외면하는 우(愚)를 범했다.

청년 정치를 트로피 공천과 병풍 역할에 머무르게 한 우파의 접근은 청년 세대의 외면으로 이어졌다. 이준석 개인은 배제하더라도 그의 어젠다와 청년 세대의 목소리를 수용하는 전략적 유연함은 보여줬어야 했다. 이러한 상황에서 비상계엄 사태는 제도권에서 소화하지 못한 청년 세대를 끌어당기는 계기가 되었다.

12·3 비상계엄 사태를 계기로 제2차 '윤석열 팬덤' 현상은 조국(曺國) 사태와 유사한 양상으로 전개될 것으로 보인다. 탄핵 심판 과정에서 일절 저항을 포기했던 박근혜 전 대통령과 달리 윤석열 대통령은 결사항전(決死抗戰)의 의지를 다지고 있기 때문이다. 윤 대통령의 지지율이 반등세(反騰勢)를 이어간다면, 차기 대권을 노리는 정치인들은 더욱 목소리를 높이며 탄핵 반대 진영의 구심점(求心點) 역할을 자처할 것이다.

이는 보수우파의 체질적 전환을 가속화하는 계기가 될 수도 있다. 과거 엘리트–기득권 중심의 '식물성 우파'로 불리던 방어적 태도에서 벗어나, 보다 강경하고 대중적이며 싸울 줄 아는 '동물성 우파'로의 변화가 이미 감지되고 있다. 이 과정에서 팬덤 정치는 우파 진영에서도 중요한 생존 전략으로 자리 잡게 될 것이다.

## '식물성 우파'에서 '동물성 우파'로

더불어민주당의 팬덤 정치가 가져온 부작용이 우파 진영에도 이식될 수 있다는 우려가 있지만, 팬덤을 기반으로 한 대중 정치는 전 세계적으로 이미 거스를 수 없는 대세라는 사실은 인정해야 한다.

계엄 사태 초기 우파 진영은 '레거시 미디어 대(對) 뉴미디어' '엘리트주의 대 대중주의' '제도권 대 장외'로 갈려 극단적인 분열 양상을 보였으나, 대통령 지지율 반등과 함께 보수 진영도 다시 전열(戰列)을 가다듬고 결집하는 형국이다. 어쩌면 이는 '대중주의 우파'가 대두되는 과정의 성장통이자 체제 전환의 초기 단계일 수 있다. 더불어민주당이 과거 친문(친 문재인) 패권으로 단일 대오를 형성하며 정치적 결사(結社)를 이뤘듯, 우파 진영 역시 이념적·정치적 결속을 위한 산고(產苦)를 겪고 있는 것일지도 모른다.

국민의힘은 정통 우파에서 성장한 검증된 정치인들과 디지털 시대의 새로운 첨병으로 떠오른 MZ세대 인플루언서 간의 조화로운 팀워크를 구축해야 한다. 이를 바탕으로 '코리아 퍼스트'와 '신뢰할 수 있는 강한 리더십'이라는 노선 아래 정치적 승리와 민생이라는 두 마리 토끼를 잡는 기반을 다질 필요가 있다. 갈 길은 멀지만, 보수우파는 이번 사태를 통해 재편과 도약의 기회를 엿보고 있다.

# Chapter 6

## 새로운 보수

# 글로벌 스트롱맨 시대, PC정치의 종말

　최근 서구 사회를 중심으로 정치적 판도가 근본적으로 재편 되고 있다. 그 핵심에는 정치적 올바름(PC·Political Correctness)을 강조하는 소위 '정체성 정치'의 쇠퇴와, 강력한 리더십과 명확한 책임성을 내세운 '스트롱맨 정치'의 부상이 있다.

　오바마 전 미국 대통령은 화려한 언변과 이상적인 슬로건을 앞세운 대표적인 정체성 정치의 상징이었다. "Yes, we can"과 같은 구호는 희망과 이상주의를 상징했으나, 실질적인 문제 해결보다는 '좋은 사람'으로서의 이미지를 쌓는 데 급급했던 것이 사실이다. 그런 점에서 오바마는 한국의 문재인 전 대통령과 매우 유사하다. 이상적 구호를 외치지만 정작 중요한 순간에는 책임지지 않고, 자신만 좋은 사람으로 남는 정치 스타일을 보여주었다.

이러한 정치는 이제 한계에 도달했다. 사람들은 점점 실질적인 위협과 현실적인 문제 앞에서 환멸을 느끼고 있다. 트럼프의 미국 재부상 역시 같은 맥락에서 이해할 수 있다. 트럼프는 극단적인 표현과 논란의 대상이지만, 적어도 그는 문제를 직접 해결하려는 강력한 리더십과 책임지는 모습을 보였다. 반면 오바마와 같은 좌파 정치인들은 위기 상황에서 실질적 힘을 발휘하지 못했다.

전 세계적으로 푸틴의 전쟁 도발, 시진핑의 종신집권 등 권위주의적 '스트롱맨' 정치가 강력한 위협으로 부상하고 있다. 이러한 국제정세에서 서방의 지도자들이 오바마처럼 부드럽고 온건한 태도로 대응한다면 결코 효과적인 리더십을 발휘할 수 없다. 현실적 위기 앞에서 유권자들이 느끼는 직관적 불안감은 결국 강력한 지도력과 실질적인 문제 해결을 추구하는 정치인들을 지지하게 만든다.

미국 내에서도 PC 문화에 대한 반발이 뚜렷하다. 특히 최근 젊은 세대가 극단적 PC 문화의 부작용을 심각하게 인지하면서 우파적 정치로의 선회가 급속히 진행 중이다. 대표적인 예가 트럼프와 함께 부상한 벤스 부통령이다. 벤스는 대표적인 '개천에서 용난' 정치인으로서, 강력한 우파적 아젠다를 제시하며 청년들의 현실적인 문제 해결을 강조하고 있다. 그는 스스로 과거에 트럼프를 혐오했다가 지지하게 된 극적인 정치적 전향 스토리를 가지고 있다. 이는 기존 정치에 환멸을 느낀 유권자들에게 강력한 메시지가 되고 있다.

특히 성 정체성과 관련된 급진적인 좌파 아젠다에 대한 저항이 점점 뚜렷해지고 있다. 미국에서는 미성년자에게까지 성전환 수술이나 호르몬 치료를 허용하는 극단적인 사례들이 늘어나면서 사회적 반발이 커지고 있다. 심지어 일론 머스크조차 좌파적 성향의 의료진에 속아 미성년 아들의 성전환 수술을 허용했다가 후회하는 상황이 벌어지고 있다. 이는 단순한 정치적 논란이 아니라 가정과 교육 현장에서 벌어지는 현실적인 문제다.

지금은 이상적이고 감성적인 정치를 넘어 현실적이고 강력한 정치적 리더십이 요구되는 시대다. 전 세계적인 우파 정치의 부상은 단지 정치적 현상이 아니라, 시대가 요구하는 강력하고 책임 있는 리더십에 대한 사람들의 직관적 반응인 것이다. 대한민국의 보수 역시 이러한 글로벌 트렌드를 면밀히 살펴 새로운 정치적 방향을 설정해야 할 때다.


## 메간 켈리와 트랙터 시위

최근 글로벌 정치의 변화를 이해하려면 미국의 유명한 보수 성향 앵커였던 메간 켈리의 사례를 살펴볼 필요가 있다. 메간 켈리는 원래 폭스 뉴스에서 활동하면서 트럼프 당시 후보와 날카로운 대립각을 세웠던 대표적인 우파 인물이었다. 당시 그녀는 트럼프의 여성 관련 발언을 강하게 비판하며 좌파 진영으로 이동했지만, 이후 좌파 진영에서 급진적 정치적 올바름(PC) 문화에 오히려 시달리는 경험을 했다. 메간 켈리의 딸이 학교에서 트랜스젠더 학생에게 폭력을 당하는 등 현실 속에서 일어난 부작용을 직접 경험하면서, 결국 다시 트럼프를 지지하는 방향으로 돌아섰다. 이는 단지 한 개인의 정치적 전향 사례를 넘어, 서구 사회에서 PC 정치의 한계와 그에 대한 반동으로 우파 정치가 강력히 부상하는 시대적 흐름을 상징적으로 보여주는 사례라 할 수 있다.

지금 유럽과 미국에서 나타나는 우파 정치의 부상은 결코 단순한 현상이 아니다. 이탈리아의 멜로니 총리와 같은 인물들이 유럽 전역에서 인기를 끌고 있는 현상 역시 같은 맥락에서 봐야 한다. 과거에 유럽과 미국에서 좌파 정당들은 '환경 보호', '사회적 약자 보호'라는 명목으로 엄격한 규제와 다양한 보조금 정책을 펼쳤다. 그러나 최근 들어 이 규제 중심의 정치가 실제로는 다양한 부패와 카르텔을 형성하고 있다는 비판이 거세지고 있다. 특히 EU 내에서 농업 분야에서 나타나는 극단적인 규제 사례들은 매우 시사적이다.

EU는 농민들에게 친환경 농법을 강요하면서 막대한 비용 부담을 지게 하고, 환경 규제에 대한 인증과 라이센스를 의무화하는 등 사실상 일반 농민들의 생계를 압박하고 있다. 이로 인해 농산물 가격이 급등하는 결과가 발생했고, 분노한 농민들이 트랙터를 몰고 거리에 나와 대규모 항의 시위를 벌이는 사태가 이어지고 있다. 여기서 주목해야 할 점은 이전까지 농민 시위는 전통적으로 좌파의 이슈로 여겨졌다는 사실이다. 그러나 현재 농민들의 시위를 적극 지지하며 규제 완화를 주장하는 쪽이 오히려 우파 정당들이라는 점은 매우 흥미로운 정치적 변화를 의미한다.

결국 현재 서구 우파 정치의 핵심은 과거와 같은 전통적 기득권 중심의 우파가 아니라, 일반 시민의 실질적인 삶과 밀접한 대중주의적 우파로 전환하고 있다는 것이다. 과거에는 우파가 기득권의 이익을 대변한다는 비판을 받았으나, 이제는 규제와 보조금의 폐해로부터 일반 시민을 보호하고 경제적 자유를 확대하는 방향으로 가고 있는 셈이다. 그러나 좌파 진영과 기득권 언론은 이러한 변화에 대해 '극우'라는 낙인을 찍으며 공격하고 있다. 그 이유는 분명하다. 좌파의 아젠다가 대중적 호응을 잃어가고 있기 때문이다. 지금의 우파가 대중 친화적 노선을 강화하며 정치적 지형을 새롭게 바꿔나가는 동안, 좌파 진영은 이를 '극우화'라고 비판한다.

## 대중주의 우파의 시대가 온다

최근 글로벌 정치 흐름을 보면 우파 정치의 내부적 변화가 매우 두드러진다. 과거 보수 우파는 흔히 '법복 귀족(elite conservatism)'이라 불리던 엘리트주의 성향을 강하게 지니고 있었다. 이들은 자유시장경제와 글로벌라이제이션을 지향하며, 서구적이고 이념적 가치 중심으로 움직였다. 그러나 최근 들어 유럽과 미국에서 우파가 급부상한 배경에는 전혀 다른 양상이 펼쳐지고 있다. 즉, 기존의 엘리트 보수에서 벗어나 강력한 대중주의(populism)와 전통적 가족 가치, 민생 중심 정책으로 방향 전환하고 있는 것이다.

대표적 사례가 이탈리아의 형제당이다. 좌파 언론이나 기존 정치 세력이 흔히 '극우'라고 폄하하지만, 실제 이 당의 정책 기조를 살펴보면 철저히 대중적이다. 첫째로 전통적 가족 가치의 복원을 내세우며, 동시에 소상공인과 자영업자를 위한 세금 감면을 강력하게 추진하고 있다. 특히 이탈리아를 비롯한 유럽 국가들의 엄청난 세금 부담을 고려할 때, 이러한 정책은 매우 현실적이고 민생 친화적인 아젠다라고 할 수 있다.

유럽은 전통적으로 높은 세율로 유명하다. 예컨대 스페인에서는 소비세(VAT)가 20%에 육박하고, 독일은 에너지 정책 실패로 물가가 급등해 시민들의 삶이 갈수록 팍팍해지고 있다. 특히 독일은 러시아산 천연가스에 전적으로 의존하다가 원전을 폐쇄하는 급진적인 에너지 정책을 펴면서 에너지 비용이 폭등했고, 이는 교통비 같은 민생과 직결된 생활비 급등을 초래했다. 결과적으로 에너지 문제와 세금 문제가 유럽 민생의 핵심 이슈가 되고 있으며, 우파 정당들이 이러한 민생 이슈를 강력히 해결하겠다는 공약을 내세우면서 인기를 얻고 있다.

최근 유럽에서 일어나고 있는 우파 정치의 약진은 단순히 정치적 양극화가 아니라, 실질적인 민생 문제를 해결하려는 정치적 현실주의가 기반이 되어 나타난 현상이다. 이전의 글로벌화 시대는 세계화와 자유시장경제만 강조하면서 공동체적 가치를 소홀히 했지만, 코로나 팬데믹과 우크라이나 전쟁을 겪으면서 '국가(nation)'라는 공동체의 중요성이 다시 부각되고 있다. 사람들은 이제 추상적인 세계 시민으로서의 정체성보다 자기 나라, 자기 지역, 자기 가족의 안보와 안정성을 더 중시하게 된 것이다.

이런 흐름은 스페인의 정치적 변화에서도 확인할 수 있다. 스페인은 본래 강력한 지역주의로 유명한 국가이며, 정치적 갈등도 심한 편이다. 그러나 최근 들어 국가의 안보와 민생이 위협받으면서 국가 공동체의 가치가 다시 중요해지고 있다. 탈냉전 시대의 이상적이고 낭만적 세계 시민주의(global citizenship)는 점점 설 자리를 잃고 있으며, 사람들은 오히려 강력하고 명확한 국가적 리더십과 실질적 민생 해법을 원하고 있다. 이것이 곧 유럽과 미국에서 트럼프를 포함한 대중주의적 우파 정치가 급부상하는 근본적인 이유라 할 수 있다.

# 위기의 보수, 글로벌을 보다

대한민국 보수 진영이 마주한 현실은 사실상 비상시국에 가깝다. 정치적 혼란과 급격한 사회적 불안정이 겹쳐지며, 보수 지지층은 극도의 위기의식 속에서 결집을 시작했다. 최근 더불어민주당의 급진적 탄핵 시도로 인한 정치 혼란은 집값 불안과 경제 위기 우려로 이어져 국민들의 경각심을 자극하고 있다. 지금은 보수가 다시 뭉치기 시작하는 단계이지만, 여전히 많은 불확실성 속에 놓여 있다.

그러나 보수 진영은 이러한 국내적 위기를 국제적 흐름과 연관 지어 바라볼 필요가 있다. 지금 전 세계적으로 우파의 정치적 부상이 뚜렷한 트렌드가 되고 있다. 도널드 트럼프가 미국 내에서 기성 미디어의 거센 비판에도 불구하고 다시 압도적 영향력을 행사하는 상황이 이를 잘 보여준다. 미국뿐 아니라 캐나다, 독일, 프랑스 등 주요 국가에서도 기존 정치 체제가 급격히 흔들리고 있다.

최근 독일에서는 연립정부가 무너졌고, 프랑스의 마크롱 정부도 재정 위기 속에 사실상 마비된 상태다. 캐나다와 미국에서는 폭력과 범죄가 급증하며 공권력의 붕괴와 사회적 혼란이 심화되는 추세다. 이로 인해 전통적으로 좌파 성향이 강한 대도시에서 치안을 유지하기 어려워지자, 많은 사람이 보수적인 공화당 주(州)로 이주하는 현상이 발생하고 있다. 심지어 정치와 거리를 두었던 기업가들, 예컨대 일론 머스크와 같은 인물들까지 정치적 목소리를 내며 적극적으로 개입하기 시작했다.

이 모든 변화의 배경에는 냉전 해체 이후 형성된 '팍스 아메리카나' 시대의 종말과 신냉전 시대의 시작이라는 거대한 흐름이 있다. 냉전 이후 미국 주도의 세계 질서 속에서 각국은 경제적 번영과 안정을 누렸지만, 이는 중국과 러시아의 급부상과 같은 도전을 받아 이제 급격한 위기를 맞고 있다. 푸틴과 시진핑, 김정은과 같은 권위주의 지도자들의 공격적 행보가 국제 질서를 근본부터 흔들고 있는 것이다.

주목할 점은 이러한 정치적 변화가 유럽에서도 청년 세대를 중심으로 일어나고 있다는 사실이다. 기존의 정치적 엘리트 세력, 즉 4050세대가 만들어놓은 탈냉전적 안정과 풍요로움 속에서 성장한 젊은 세대는 더 이상 과거의 담론과 정치 방식에 만족하지 않는다. 그들은 냉전 이후 정치적으로 올바른(PC) 담론과 정체성 정치에 피로감을 느끼며, 보다 현실적이고 강력한 정책과 질서를 요구하기 시작했다.

특히 대한민국의 2030세대도 마찬가지다. 글로벌화된 우파 트렌드가 우리나라에도 적용되고 있으며, 이제 보수 진영이 이를 적극적으로 활용해야 하는 시기가 왔다. 중도층을 효과적으로 끌어들이기 위해서는 보다 명확한 가치와 강력한 메시지, 그리고 실질적으로 국민들이 공감할 수 있는 정책을 제시해야 한다.

결국, 지금 보수가 당면한 과제는 내부의 소모적인 갈등에서 벗어나 글로벌한 시각에서 변화하는 정치 환경을 읽고 대응하는 것이다. 전 세계적 우파 부상의 흐름 속에서 대한민국의 보수는 세대와 계층을 아우르는 강력한 아젠다를 제시하며 국민의 신뢰를 다시 얻어야 한다. 지금이야말로 보수 진영이 세계적 변화 속에서 대한민국의 정치적 리더십을 다시 구축할 수 있는 절호의 기회다.

# 보수의 반격, 디지털로 가라

보수 진영은 지난 역사의 교훈을 명확히 기억해야 한다. 이명박, 박근혜 두 전직 대통령의 탄핵 과정에서 사실관계를 정확히 파악하지 않은 채 선동에 휘말려 국가 지도자를 지켜내지 못했던 뼈아픈 과거가 존재한다. 그 결과가 얼마나 처참했는지를 우리는 충분히 목도하였다. 따라서 보수가 앞으로 나아가기 위해서는 스스로의 정체성과 자긍심부터 명확히 재정립할 필요가 있다.

이승만 대통령이 이룬 건국의 기초, 박정희 대통령의 산업화 공적, 그리고 이명박, 박근혜 정권에서 이루어낸 국가 선진화를 위한 노력까지 분명히 재평가하고 자랑스럽게 내세워야 한다. 이 과정을 통해 중도층에 명확한 정치적 비전과 가치관을 제시해야 한다. 반대로 당 내부에 들어와 배지만 달고 당을 훼손하거나 자기비하적이고 수치스러운 표현들로 당의 정체성을 흔드는 행위는 철저히 경계해야 한다. 그러한 모습으로는 결코 국민을 설득할 수 없다.

또한 이제는 보수가 스스로를 정확히 인식해야 할 시점이다. 과거의 기득권 집단이라는 환상에서 벗어나야 한다. 현재의 보수는 기득권이 아니라 마치 김대중·노무현 정부 시절 좌파 진영처럼 축소된 상황이다. 정치적 전선은 낙동강 전선처럼 좁아졌고, 생존을 위한 치열한 전투를 벌이고 있다. 이 현실을 인정하며, 디지털 생태계에서 청년층과의 연대 방안을 적극 고민해야 한다.

현재 보수 우파는 지자체 차원의 자원을 일부 보유하고 있다. 이 자원을 청년 미디어와 스타트업 육성에 투입하여 젊은 세대의 목소리를 키우는 구체적인 미디어 문화 사업을 지원해야 한다. 보수의 핵심 가치는 바로 '언론의 자유(freedom of speech)'와 '기업가 정신'이다. 이 두 가지를 앞세워 청년층과 적극 연대하고 그들의 잠재력을 끌어내야 한다.

이러한 측면에서 미국의 트럼프 대통령 사례는 참고할 만하다. 그는 전통적 정치인의 방식에서 탈피하여 뉴미디어 플랫폼을 적극 활용하였다. 과거처럼 훈시나 일방적 연설로 접근하지 않고, 젊은 인플루언서들과 유튜브나 틱톡 같은 플랫폼을 통해 일대일 친근한 대화를 시도하였다. 이는 청년층에게 대통령을 먼

존재가 아니라 우리 곁의 친숙한 사람, '우리 아빠 같은 존재'로 인식하게 만드는 효과를 가져왔다.

우리 보수 정치권은 이준석 대표 이후 '청년 울렁증'이라는 일종의 트라우마를 안고 있다. 그러나 이러한 태도에서 벗어나야 한다. 보수가 다시 살아나기 위해서는 권위를 내려놓고 청년층과 대화를 시작해야 한다. 권위적이고 먼 대통령이 아니라 친밀하고 소통 가능한 대통령의 모습을 만들어가는 것이야말로 보수 우파가 다시 일어설 수 있는 길이다.


## 디지털 미디어

최근 정치권에서 두드러지는 현상 중 하나는 바로 디지털 미디어의 적극적인 활용을 통한 대중주의적 우파 정치의 확산 가능성이다. 정치인들이 개인적인 친근감을 부각하기 위해 손자나 손녀와 함께 골프를 치는 장면과 같은 친근한 이미지를 적극적으로 디지털 미디어를 통해 전달함으로써 대중의 호감을 얻는 전략은 충분히 현실적이며 효과적이다. 미국의 도널드 트럼프 전대통령 사례를 보더라도, 그는 기존의 기성 미디어로부터 철저히 악마화되었음에도 불구하고 디지털 미디어를 통해 여론의 판도를 바꾸었다. 이는 우리나라의 미디어 환경에서도 충분히 가능한 일이며, 이제 정치권에서도 적극 고려해야 할 전략이다.

그러나 기성 보수 정치인들은 여전히 청년 세력과의 연대나 협력을 두려워하는 경향이 있다. 이는 본질적으로 자신의 기득권을 잃을지도 모른다는 우려에서 비롯된다.

## 정경유착 프레임 극복

과거 한국 사회에서 '정경유착'이라는 말이 널리 알려졌고, 이에 따라 정치와 돈을 철저히 분리해야 한다는 도덕주의적 담론이 주류를 이루었으나, 이러한 태도는 오늘날 현실과 동떨어진 위선에 가깝다. 현대 정치의 본질 중 하나가 돈이라는 사실을 정직하게 인정하고, 그 돈을 투명하게 관리하는 체계를 만들어야 한다.

보수우파 진영이 무조건적인 청렴성을 경쟁하듯 강조하는 것은 이제 더 이상 효과적이지 않다. 특히 현실적으로 보수 정치권의 자금력이 부족한 상태에서 좌파단체와의 경쟁에서 밀리는 현 상황에서는 더욱 그러하다. 최근 신세계의 정용진 회장이 트럼프 주니어와의 만남을 가진 것은 상징적인 사례이며, 기업의 2세 또는 3세들이 본격적으로 정치에 참여해야 할 때가 되었다는 것을 의미한다

우리나라 대기업의 혁신은 이미 1세와 2세대에 이르러 정체된 상태다. 진정한 혁신은 더 이상 기존의 가업 승계 모델에서 나

오지 않으며, 오히려 자생적이고 역동적인 청년층에서 창출된다. 따라서 기업의 후세대들은 정치권에 적극적으로 진출하여 기업을 옥죄는 과도한 규제와 상속세 문제 등을 해결하는 정책을 마련하는 쪽으로 국가에 헌신하길 바라는 마음이다. 보수 우파의 인프라를 구축하고 기업가 정신을 활성화할 수 있는 제도를 구축하는 것이 그들의 역사적 역할일 것이다.

결국, 정경유착이라는 프레임을 벗어나 기업과 돈에 대해 솔직해지고 투명해져야 한다. 기업을 규제의 대상으로만 보는 시각에서 벗어나 혁신과 성장을 촉진할 수 있는 정치적 환경을 조성하는 것이 시급한 과제이다. 이것이야말로 우리 사회가 잃어버리고 있는 정통의 가치와 기업가 정신을 회복하는 핵심적인 열쇠가 될 것이다.

# MB의 길, 실력주의가 답이다

MB 정부 시절 추진했던 영어교육 강화 정책이나 공교육 정상화 방안은 당시 좌파 진영의 극렬한 반대와 정치적 압력으로 결국 무산된 바 있다. 그러나 지금 돌이켜보면, 그때의 실용주의적 정책들이 오히려 공교육의 질을 높이고 사회적 양극화를 완화할 수 있는 중요한 기회였다고 본다. 최근 문재인 정부의 교육 정책이 초래한 심각한 문제들을 직접 경험하며 더욱 확신하게 되었다.

또 최근 자사고를 졸업하고 대학에 입학한 아들을 둔 한 명의 학부모로서 나 또한 문재인 정부의 교육 정책이 얼마나 학교 현장을 철저히 망가뜨렸는지 알게 됐다. 학생들이 공부에 몰두할 수 있는 환경이 아니라, 교권이 붕괴되고 질서가 사라지면서 학생들은 방치되었다. 그 결과 공교육 시스템 자체가 무너지고 사교육에 의존하는 현상이 더욱 심화되었으며, 이는 결국 경제력에 따른 양극화만 심화시켰다.

문제는 윤석열 정부가 들어선 이후에도 이러한 흐름이 크게 개선되지 않았다는 점이다. 정권이 바뀌었음에도 불구하고 교육부 관료들의 기득권적이고 규제 중심적인 사고는 여전히 변하지 않고 있다. 특히, 우수 학생을 선발하여 교육의 질을 높이고자 하는 자사고에 대해 지역할당제나 사회적 배려전형과 같은 규제를 더욱 강화하면서 학교 현장의 어려움을 가중시키고 있다. 이는 정권 교체 이후에도 교육 정책이 여전히 진보적이고 포퓰리즘적 관점을 벗어나지 못하고 있다는 증거다.

최근 수시 입시제도의 문제점도 매우 심각하다. 나는 아들의 입시 준비를 지켜보며 수시 입학의 구조적 불공정성을 절실히 느꼈다. 수시 입학이 확대되면서, 소위 '스펙'을 쌓을 수 있는 경제적 능력이나 부모의 지원이 없는 학생들은 극심한 불이익을 당하고 있다. 더구나 학생들의 평가와 추천서를 작성하는 교사들이 특정 정치적 성향에 따라 학생들을 평가하는 상황까지 벌어지며, 이 과정에서 공정성과 투명성이 심각하게 훼손되고 있다.

더욱 안타까운 점은 이 과정에서 수능을 통해 실력만으로 대학에 진학하려는 학생들이 지나치게 어려운 '킬러 문항' 때문에 진입 장벽이 더욱 높아졌다는 것이다. 내가 아는 한 학생은 경제적 여건이 어려워 10년 가까이 알바를 하며 수능 준비를 계속했지만, 이러한 현실적 장벽 앞에서 매번 좌절할 수밖에 없었다.

결국 지금 대한민국 교육 시스템의 가장 시급한 과제는 '실력주의적 경쟁'을 가능하게 만드는 공교육의 정상화와, 경제적 배경에 관계없이 자신의 노력과 재능으로 성공할 수 있는 공정한 입시 제도를 구축하는 것이다. MB 정부가 시도했던 실용주의적 접근을 다시 주목해야 하는 이유가 바로 여기에 있다. 지금이라도 정치적 이념을 떠나, 공교육과 입시의 공정성 회복을 위해 진지하게 고민해야 한다.


## 싱가포르가 주는 교훈

MB 정부 시절 추진했던 여러 교육정책과 도시개발 사업들을 돌아보면, 실용적 실력주의가 얼마나 사회적 기회와 형평성을 증진할 수 있는지 잘 알 수 있다. 당시 MB 정부의 핵심은 명확했다. 바로 '실력을 갖추면 누구나 성공할 수 있는 사회'를 만드는 것이었다.

당시 MB 정부가 추진했던 '상고 활성화 정책'이나 '대기업-특성화고 연계 채용 시스템' 등은 실력 중심의 사회를 지향한 대표적 사례다. 이는 싱가포르의 교육제도를 상당 부분 벤치마

킹한 것으로, 내가 직접 싱가포르에서 교수로 재직할 때 목격한 '계층 이동의 사다리'를 구현한 제도였다.

싱가포르의 실력주의는 단순히 경쟁만 강조하는 게 아니라, 공정한 경쟁과 계층 이동 가능성을 보장한다는 점에서 주목할 필요가 있다. 예를 들어, 싱가포르의 폴리텍(Polytechnic)은 일반 고교에서 대학으로 바로 진학하지 못한 학생들에게 제2의 기회를 제공한다. 폴리텍에서 열심히 노력해 상위권 성적을 얻으면, 싱가포르의 최상위 대학으로 편입할 수 있는 길이 열린다.

실제로 내가 싱가포르에서 교수로 재직하며 만났던 한 인도계 학생은 매우 어려운 환경에서 자랐다. 아버지는 경비원, 어머니는 청소 노동자로 일하던 저소득층 가정이었지만, 싱가포르 정부가 제공한 공공임대주택과 저렴한 식당인 '호커센터' 덕분에 생활의 기본권을 충분히 보장받았다. 그는 학업에서 탁월한 천재는 아니었으나 성실한 태도를 바탕으로, 고등학교 이후 폴리텍에 진학해 열심히 노력한 끝에 결국 싱가포르의 명문대학으로 진학할 수 있었다.

이러한 제도는 단순히 학력주의나 사교육을 조장하는 것이 아니라, 오히려 어려운 환경에 처한 학생들에게도 성실함과 노력만 있으면 반드시 성공할 수 있다는 희망을 제공한다는 점에서 의미가 크다.

MB 정부의 실용주의 정책 역시 같은 맥락이었다. 당시의 영어

교육 강화나 학교의 경쟁력 강화 방안은 오히려 사교육에 대한 의존도를 낮추고 공교육을 강화하여, 경제적 배경과 무관하게 학생들이 공정한 기회를 누릴 수 있게 하려는 목적이었다. 그러나 당시 좌파 진영은 이런 정책들이 사교육을 조장한다며 극렬히 반대했고, 결국 그 정책들은 세대로 시행되지 못했다.

MB 정부는 또한 교통 환승제도 개선이나 청계천 복원 등 시민들의 삶의 질을 획기적으로 향상시키는 사업들을 추진했지만, 이마저도 좌파 진영으로부터 강력한 반대에 부딪혔다. 지금에 와서야 누구나 그 편리함과 혜택을 누리고 있지만, 당시에는 이 정책들이 엄청난 저항과 비판을 받았다.

이제 우리가 해야 할 일은 실력과 노력에 기반한 공정한 사회를 다시 한번 추구하는 것이다. 기회가 공정하게 주어지고, 각자의 성실한 노력이 충분히 보상받는 사회를 만들어야 한다. MB 정부가 추진했던 실용적 실력주의 정책을 재조명하는 것은 그런 사회를 만들어 가기 위한 출발점이 될 것이다.


## TK를 청년 정치의 허브로

지금 한국 보수 진영이 시급히 해결해야 할 과제는 바로 '청년 세대의 기업가 정신'과 연대하는 것이다. 과거 이명박 정부 시절 실력과 성실함으로 성공할 수 있는 루트를 제공하는 정책들이 있었지만, 정치적 반대와 무관심으로 지속되지 못했다. 이러한 실용주의적 접근을 다시 복원해, 청년들에게 실질적인 희망과 기회를 제공해야 한다.

현재 보수 진영이 법조 엘리트 중심으로 편향되어 있는 구조는 반드시 바뀌어야 한다. 미국의 트럼프 대통령과 벤스 부통령, 그리고 일론 머스크가 보여준 바와 같이 혁신과 도전을 통해 새로운 가치를 창출하는 젊은 기업가들을 적극적으로 끌어안아야 한다. 보수의 본질적 가치는 정부가 아니라 개인의 창의성과 도전을 중시하는 기업가 정신에서 출발하기 때문이다.

무엇보다 보수의 핵심 지역인 영남, 특히 TK 지역이 청년 정치인을 양성하는 새로운 혁신 플랫폼으로 거듭나야 한다. 현재처럼 지역 정치가 기득권 유지에만 급급하고 폐쇄적이라면 젊은 인재들이 성장할 기회가 원천적으로 차단된다. 따라서 TK를 전국 단위의 보수 우파 청년들이 모여 성장하고 도전할 수 있는 '청년 정치의 허브'로 전환해야 한다.

단기적인 선거용 인재 영입에서 벗어나, 오랜 기간 꾸준히 정치적 경험과 역량을 축적할 수 있도록 제도적 장치를 마련해야 한다. 또한 이념적·정치적 단결력이 부족한 급조된 조직으로는 더불어민주당과 같은 조직화된 세력과의 경쟁에서 결코 승리할 수 없다. 따라서 보수 내부의 극단적 분열과 혐오를 극복하고 서로의 성과를 인정하며 단결된 조직으로 재구성하는 것이 필수적이다.

　마지막으로 보수 정권이 이룬 성과들, 예컨대 이명박 정부의 실용적 정책과 박근혜 정부의 개혁 성과들을 적극적으로 평가하고 계승하는 자세가 필요하다. 이를 통해 보수가 국민에게 실질적인 도움이 되는 정당임을 입증하고, 더 나아가 보수 진영의 혁신과 발전을 이뤄내야 한다.

# Chapter 7

# 세대 통합의 숙제

# 흔들리는 보수와 문화전쟁

사실 내가 하는 이야기들은 대부분 78년생 심규진의 시선에서 바라본 것이다. 이 78년생 심규진이라는 개인을 통해 내가 전달하고 싶은 것은 보수 정치의 문제점과 그것을 극복하기 위한 문화전쟁의 전략이다. 6070세대의 이야기에도 귀를 기울이고, 이를 통해 70년대생들이 문화 전선의 첨병 역할을 해야 한다고 믿는다. 실제로 한국의 대표적인 문화 상품을 생산하는, 소위 3대 기획사의 주축 역시 거의 대부분 70년대생들이 아닌가. 이들이 창조한 콘텐츠는 2030세대에 효과적으로 전달되고, 그렇게 우리는 전 세대를 아우르는 문화적 흐름을 만들어갈 수 있다는 것이 나의 전작인 『73년생 한동훈』의 주요 논지다.

그런데 사람들은 내 이야기를 오해하고 있었다. 그가 내 이야기를 '한동훈의 전기'로 받아들였다니 당황스럽기도 했지만, 그런 오해도 무리는 아니다 싶었다. 실제로 내 책에 "한동훈"이라는 이름을 제목으로 삼은 챕터가 있기 때문이다. 다만 나는 한동훈이라는 인물 자체보다 그가 상징하는 브랜딩의 중요성을 강조하려 했을 뿐이었다.

한동훈을 통해 내가 주장하고자 했던 것은 분명했다. 우리의 이념과 정치적 결사가 성공하려면 뛰어난 브랜딩이 필수적이라는 점이다. 당시의 한동훈은 불확실성 속에서 탄생한 일종의 기대 심리였고, 나는 그런 기대감을 전략적으로 이용하자고 제안했던 것이다. 그의 이미지는 젊고 참신했으며, 윤석열 대통령과의 관계가 만드는 브로맨스 서사는 정치적으로 활용하기 좋은 자산이었다. 그 뿌리를 잘 가꾸고 물을 준다면 꽃을 피울 수 있으리라 기대했다.

그러나 뜻하지 않게 '윤한 갈등'이 불거졌다. 기성 정치권이 이 책의 핵심적인 전략을 받아들이기 어려웠던 것이다. 게다가 내 책은 애초부터 한동훈 개인에 열광하는 팬층에게 썩 환영받는 편은 아니었다. 한동훈 개인을 부각하기보다, 그를 우파의 전략적 자산으로 활용하자는 내 주장 때문이었다. 내가 제시했던 명확한 우파 노선과 한동훈이라는 매력적인 브랜드를 적극적으로 활용해 젊은 층을 끌어들이자는 전략은, 결국 기성 정치인들과 팬층 양쪽에게 다소 불편한 메시지가 되고 말았다.

그럼에도 불구하고 나는 지금도 확신한다. 정치적 브랜딩과 전략적 접근이야말로 우리가 문화전쟁에서 승리할 수 있는 핵심 열쇠라는 것을.

## 윤석열이라는 신입 연습생

여의도연구원 시절부터 윤석열 대통령의 대권 경선 과정을 가까이서 지켜보았다. 그 시기를 돌아보면 늘 떠오르는 한 가지 비유가 있다. 윤석열이라는, 가능성 넘치고 이미 자신만의 팬덤을 구축한 연습생을 길거리에서 보수 정치의 기획사인 국민의힘이 캐스팅한 모습이다. 오랜 기간 트레이닝을 받은 기존 연습생들, 홍준표나 유승민 같은 이들은 정치라는 무대에서 오랜 시간 연마해왔지만, 이 새로 들어온 연습생은 별다른 트레이닝 없이도 존재감과 팬덤을 확보했다.

자연스레 기존 플레이어들 사이에 질투와 견제가 시작되었다. 그들은 텃세를 부리며 새 연습생인 윤석열을 쫓아내려는 움직임까지 보였다. 그러나 당시 국민의힘 내부에서 정권교체를 열망하는 당심은 그런 갈등에도 불구하고 윤석열을 원했다. 문재인 정권을 향한 투쟁에서 가장 강력한 야성을 지녔던 그에게서 새로운 가능성을 발견했기 때문이다.

이 과정에서 흥미로운 것은 역선택 룰이었다. 좌파 진영에서 극도의 미움을 받던 윤석열에게 일반국민여론조사가 불리한 방식으로 작동하면서 갑자기 '조국수홍'을 내세운 홍준표 후보가 급부상하기도 했다. 나는 이 모든 상황을 지켜보면서 한국 정치의 복잡성과 역동성을 절감했다.

나와 윤 대통령의 인연은 사실 정치 입문 시기로 보자면 일종의 '동기' 같은 것이었다. 나는 당시 호주 멜버른에서 코로나 상황으로 인해 온라인으로 서울시장 재보궐선거 당시 오세훈 시장의 전략 컨설팅에 참여해 좋은 결과를 이끌어냈다. 이후 안식년 중인 스페인의 IE 대학 측에 양해를 구하고 대선 전략에 참여하기 위해 2021년 6월 22일 한국으로 돌아왔는데, 마침 일주일 뒤 윤석열 대통령이 정치 입문 선언을 했다.

그때부터 나는 윤 대통령의 여정을 가까이서 지켜볼 수 있었다. 대통령 후보 확정 이후 학교로 복귀하기 전까지의 겨울 동안의 숱한 우여곡절은 지금 생각해도 생생하다. 또한 최근 윤석열 대통령과 한동훈 장관 간의 팬덤 갈등을 지켜보며, 양쪽 팬덤에서 나의 저작과 담론들을 다르게 평가하는 모습을 관찰했다. 나의 주장은 윤-한이 함께 힘을 합쳐야 차기 정권이 창출될 수 있다는 것이었기에 특정 정치인의 팬덤은 처음부 나의 주장을 탐탁지 않게 여기다 윤한 갈등 이 고조되자 더욱 부정적인 반응을 보였다.

이러한 현상과 정치적 격변 속에서 나는 정치 현장의 최전선에서, 그야말로 첨단에서 한국 정치사의 한 페이지를 직접 목격하고 있었다는 생각을 새삼 하게 된다.

윤석열 당시 후보를 처음 지켜봤을 때, 솔직히 나에게 그는 전혀 준비되지 않은 연습생 같은 느낌을 받았다. 마치 매니지먼트 회사가 전혀 관리하지 않고, 방치하며 아무런 전략도 없이 오로지 개인기로만 좌충우돌하도록 내버려 둔 아이돌 을 보는 듯했다. 그 당시 미디어가 사소한 것에도 시비를 걸며 터트린 구설과 논란은 이루 말할 수 없었다. 고발사주부터 개사과 사진, 손바닥 위에 적힌 '왕'자 논란까지 하루가 멀다고 수많은 문제가 불거져 나왔고, 이슈를 정리하는 우리 팀의 머리가 터질 지경이었다. 당시 나는 윤 대통령이 이같은 혼란과 위기 속에서도 버텨낼 수 있을지, 그리고 과연 후보로 살아남을 수 있을지 반신반의했다.

그런데 기이하게도 윤석열은 그 모든 논란과 혼란을 하나씩 돌파하며 결국 대권까지 이르는 모습을 보여주었다. 전략이나 매니지먼트의 도움은 없었다. 오히려 주변의 고참 멤버들은 그를 어떻게든 내보낼 생각만 하고 있었다. 나는 그때 당내에서 윤석열의 네거티브 이미지가 이미 만들어졌다는 걸 확실히 목격했다. 유승민 후보가 주술 논란이며 천공 이야기를 끄집어내 공격하면서, 당내 경선이 가장 심한 전쟁터였음을 생생히 기억한다. 나는 그때부터 이 당이 왜 끊임없이 분열하는지, 왜 동지 의식이 부족한지 고민했고, 결국 그 답을 찾으려 『73년생 한동훈』이라는 책을 쓰기도 했다. 그래도 집권 후 윤석열에게는 한동훈 같은 존재가 있어 그나마 브로맨스 같은 관계가 형성되어서 다행이다 싶었다. 그러나 경선 당시에는 윤석열과 진짜로 뜻이 맞는 사람은 거의 없었다고 해도 과언이 아니었다.

홍승기 변호사는 나와의 법률방송 대담에서 윤석열의 출마를 두고 "설마 본인이 할까?"라는 의구심을 가졌다고 했다. 그러나 나는 처음부터 그가 범상치 않은 인물임을 감지했다. 조국 사태 때 그가 보여준 결기와 행동력을 보고 "이 사람은 대통령이 되겠구나" 하는 확신이 들었던 것이다. 나는 그가 투철한 국가관과 책임감 없이는 절대 그런 행동을 하지 못했을 것이라 믿었다. 다만 윤석열은 언제나 행동을 먼저 하고 보는 스타일이라, 예상치 못한 나비효과가 뒤따르는 경우가 많았다고 본다. 조국 사태 역시 그랬다. 문재인 정부의 검찰총장이었던 윤석열은 문 정권과 대한미국에 대한 충정이라고 생각해 조국의 위선을 심판했을 뿐인데, 좌파 진영에서는 배신자로 낙인찍혔고 보수 진영에서는 의외의 환호를 받았다. 아마 윤석열 본인도 그 반전은 예상하지 못했을 것이다.

나는 그런 윤석열을 보며 느꼈다. 그는 임기응변에 탁월하고, 대중심리를 민감하게 읽어내며 위기 속에서도 끈기 있게 대응하는 힘을 가지고 있다고. 좌충우돌로 출발한 연습생 윤석열이 결국에는 대통령에 당선된 과정은, 그 자체로 기적의 연속이었다. 그리고 나는 그 기적이 앞으로 더 필요할 거라는 생각을 떨쳐낼 수 없다.

## 계엄의 역설과 한동훈의 선택

홍승기 변호사는 또 나와의 대담에서 계엄 방송을 보며 처음엔 상황의 심각성을 실감하지 못했다고 회상했다. 오히려 실소를 터뜨리며, "이게 무슨 계엄이야?"라며 의아해했다는 것. 계엄은 전광석화처럼 들어와 신속히 문제를 해결해야 하는데, 이건 마치 군인인지 훈련병인지 구분도 안 되는 사람들이 어설픈 수사를 벌이는 듯 보였기 때문이다. 어색한 광경에 웃음이 나왔지만, 이내 CNN으로 화면을 돌리자 상황의 심각성이 명확히 보였다는 것.

나 또한 당시 유리창이 깨진 채 군인들이 건물에 올라가는 장면만 반복 재생되는 국제뉴스를 보며 마음이 서늘해졌다. BBC에서도 똑같은 영상이 끊임없이 흘러나왔다. 그제야 현실이 내게 분명하게 다가왔다.

이 상황을 윤석열 대통령 주변 인사들을 통해 간접적으로 들어보니, 확실히 대통령은 계엄을 조금 더 강력한 '수사 차원'으로 생각했던 것 같다. 선관위 등의 적폐를 수사로 청산하겠다는 의도에서 비롯된 행위라는 것이었다. 나 역시 그런 의견에 동의했다. 그러나 아마 대통령 자신은 이런 행위가 "내란수괴"라는 엄중한 혐의로 자신을 옥죌 것이라는 것을 전혀 예상하지 못했을 것이다. 나는 그가 이런 상황에 얼마나 당황스러웠을지 상상할 수 있었다.

홍승기 변호사는 또 "지난 총선 이후 많은 이들이, 나 역시 포함하여, 그가 쉬어갈 것이라 생각했다. 잠시 해외로 나가거나 몇 년 정도 휴식을 취할 거라 믿었다"는 것. 하지만 그는 의외로 완강하게 남아 또다시 정치 전선의 최전방에 등장했다. 주변에선 내가 부추겼느냐고 묻기도 했지만, 사실 나는 오히려 한동훈에게 끊임없이 논평등을 통해 쓴소리를 했다. 덕분에 그의 지지자들로부터 배신자라는 소리까지 들었다.

이 책을 집필했던 때, 한동훈은 법무부 장관이었다. 책이 출간될 무렵 그는 비상대책위원장으로 자리를 옮겼다. 나는 개인적인 사심 없이 한동훈을 바라봤다. 보수가 잘 되기를 원하는 사람으로서 그의 잠재력을 아꼈고, 가장 이상적인 그림도 그렸다. 윤 대통령 임기 후반쯤, 대통령이 레임덕에 빠질 때쯤 한동훈이 정치에 진입하고 당 대표를 맡아 현재 권력과 미래 권력의 순조로운 협조가 이뤄지는 것, 그것이 내가 생각한 최선이었다.

예상보다 빨리 비대위원장 자리에 오른 것도 나쁘진 않았다. 정치적 리스크가 크지 않은 상황에서 자신을 효과적으로 마케팅할 기회였기 때문이다. 윤 대통령 지지율이 떨어졌던 당시, 한동훈이 나섰을 때 잘 되면 그 덕은 한동훈의 것이고, 실패한다면 그 책임은 윤 대통령의 것으로 돌릴 수 있는 환경이었다. 출사표를 던질 때 그의 등장은 마치 밀리는 전쟁터에 왕자가 뛰어드는 듯 비장했고 사람들의 마음을 움직였다. 실제로도 이재명을 상대로 한 여론조사에서 앞서기도 했었다.

한동훈에게는 여러 번의 기회가 있었다. 나는 그가 조급해하지 않고 결정적 순간 나서주는 모습에 기대를 걸었다. 하지만 동시에 한동훈에게 조언성의 논평을 할 때마다 보수 진영에서 오해받는 일이 생겼다. 특정 정치인 팬덤에서는 유일신 사상처럼 특정한 한 인물을 향한 절대적 충성심만을 요구할 뿐 나처럼 전체적인 전략을 제시하는 쓴소리는 받아들이지 않았다.

## 한동훈의 독주와 오판

총선은 실패로 끝났다. 전략 미스도 있었고, 처음 정치 무대에 등장한 한동훈이 미숙함을 보였다는 사실 역시 분명했다. 그런데도 지지층은 그에게 한 번쯤 관대하게 넘어갈 준비가 되어 있었다. 갑자기 뜬 신인 정치인이 마치 연습생이 벼락스타가 되듯 자기 지지율과 팬덤을 오해하고 독주할 수도 있다고 생각했기 때문이다.

문제는 그 이후였다. 그는 차기 대권을 염두에 둔 듯 지나친 단독 플레이를 펼쳤다. 팀플레이가 아닌 홀로 돋보이기 위한 행동이 많았다. 총선 패배의 책임을 윤석열 대통령에게 전가하며, 레거시 미디어와 협력해 자신의 미래 권력 이미지만 강조했다. 우리는 그런 한동훈을 일종의 미래 카드로 남겨두고 싶었지만, 그의 행동은 스스로 입지를 좁히고 있었다.

누군가 내게 한동훈의 독주를 부추긴 것 아니냐 물었다. 그러나 분명히 말하지만 나는 그렇게 하지 않았다. 오히려 나는 그에게 총선에서 드러난 약점을 인정하고 잠시 자숙하며 보완할 시간을 가져야 한다고 논평을 통해 조언했다. 정치란 결국 지지자들에게 아쉬움과 여운, 부채의식을 남기는 것이라고 생각했기 때문이다. 그가 패배의 책임을 겸허히 인정하고 일시적으로 퇴장했다면 사람들은 오히려 그의 복귀를 기대했을지도 모른다.

그러나 그는 너무 성급했다. 당대표 출마를 선언하면서도 이전과 달라진 모습을 보여주지 못했다. 무엇보다 그의 내면에는 불안이 있었다. 윤석열 정부와 함께 자신도 역사 속으로 쓸려갈지 모른다는 두려움과 조급함이었다.

이런 상황에서 계엄 선포라는 중대한 변곡점이 등장했다. 흥미롭게도 계엄령 선포에 대해 이재명 대표보다 한동훈이 먼저 강하게 반대하고 나섰다. 더 나아가 그는 담화 발표를 보고 내란을 자백했다고 주장하며 강도 높은 비판을 이어갔다. 혹자는 한동훈의 '내란 자백'이라는 표현이 섬뜩하다고 했다. 이재명조차 꺼린 표현을 사용한 한동훈의 과격함에서 나는 그의 정치적 판단력에 의문을 품었다.

내 생각에 이 순간 한동훈은 결정적으로 '아웃'이 되었다. 그럼에도 여론은 묘하게 작용했다. 계엄이라는 급발진 사건 속에서 한동훈이 오히려 여론상 우위를 차지하는 듯 보였기 때문이다. 그러나 일시적인 언론의 한동훈 띄우기는 한동훈이 탄핵에 찬성하고 대통령이 탄핵이 되면서 금세 그 수명을 다했다.

나에게 혹자는 한동훈의 정치적 미래가 있는가 하고 묻는다. 나의 대답은 고시공부하듯, 근성을 갖고 정치를 하는 사람이니 제2의 안철수, 유승민, 이준석의 길을 갈 것 같다고 답하곤 한다. 한 지인은 한동훈에 대해 알고보니 그 세사람의 단점만 모은 사람 같다고 하기도 한다. 분명한 것은 지금처럼 급하고 미숙한 태도를 고치지 못한다면 그의 정치적 미래는 여전히 불투명할 것이라는 점이다.

### 너무 일찍 뽑힌 칼

칼이 칼집에 있을 때만 무섭고 위협적이지, 일단 칼을 꺼내 휘두르면 더 이상 두려움의 대상이 아니라 제어해야 할 존재가 된다. 지금의 한동훈 씨가 딱 그런 모습이다. 윤석열 대통령이 겪고 있는 정치적 부담과 위기를 일종의 지렛대로 삼아 정국의 주도권을 장악할 수 있었던 기회가 있었다. 그런데 그는 너무 빨리 자기 패를 보여줬다.

반면 윤대통령은 불리한 상황에서는 일단 잠수타면서 침묵하고 기다렸다. 자신의 패를 먼저 드러내기보다는 상대의 패를 먼저 보고 싶었던 거다. 그가 한동훈에게 던진 말은 "당에서 하는 대로 따를 것이다"였다. 사실상 상대의 패를 까보라는 메시지였다. 그러나 한동훈 씨는 너무 성급했다. 현대고 후배인 박세현윤석열을 앞세워 검찰을 동원한 내란 수사를 배후에서 조장했다는 의혹을 자초했고, 한덕수 총리와 함께 일종의 "한 플러스 한" 체제를 강조하면서 자신이 권력을 완전히 장악했다는 듯 과시했다. 심지어 대통령을 하야시키고 자신이 통치할 것처럼 행동하며, 사실상 대권 주자로 각인되기를 원했다.

문제는 그가 너무 서둘러 카드를 꺼냈다는 것이다. 외부에서 보기에는 윤과 한 둘이 같은 배에 타고 침몰하고 있는데, 서로를 먼저 바다에 밀어 넣어 자신만 살려고 발버둥치는 듯한 느낌으로 보였다. 이런 과정에서 한동훈 씨는 여러 번의 기회를 놓쳤다. 계엄을 조기에 해제했을 때 레거시 미디어로부터 칭찬을 받으면서 정국을 장악할 기회를 얻었으나, 그는 지나치게 자만하고 자신의 속내를 전부 드러내는 실수를 범했다.

한 씨의 가장 큰 오판은 윤 대통령을 싫어하는 70%의 국민들이 무조건 자신을 지지할 것이라 착각한 점이다. 반윤석열의 선두에 섰다고 해서 그 반대파가 자동으로 자기 편이 되는 것은 아니다. 이것이 내가 다른 방송에서 지적한 "뿌리를 잘못 이해하고 있다"는 뜻이다. 뿌리가 한번 꺾이면 다른 곳에 심는다고 해서 쉽게 자라는 것이 아니다.

작년 12월 3일, 스페인에서 지낼 때 페이스북 친구들에게 한국 방문 계획을 알리고 있었다. 그때 댓글로 갑자기 계엄이 선포되었다는 소식을 접했다. 처음엔 농담인 줄 알았다. 남편조차도 "살면서 계엄을 다 보는구나"라는 농담을 던졌기에 나 역시 가짜뉴스라고 생각했었다. 하지만 사실이었다. 그 순간, 조국 전 장관 압수수색 당시 느꼈던 충격과 비슷한 감정이 다시 떠올랐다. 윤 대통령이 뭔가를 결심했구나 싶었다.

## 내란 수괴라는 딱지

전국 곳곳에 붙었던 '내란 수괴'라는 섬뜩한 표현을 처음 마주했을 때, 나는 적잖이 당황스러웠다. 언론사 기자라는 젊은 친구들이 매서운 눈빛으로 "내란죄 수괴", "내란죄 우두머리"라는 말을 내뱉는 모습을 보며, 내심 웃음도 났지만 한편으로는 씁쓸하기도 했다. 마치 기다리고 있었던 것처럼 너무 자연스럽게 계엄과 내란이라는 말이 한 세트가 되어 나왔으니까.

나는 이 상황이 마치 학교에서 지속적으로 괴롭힘을 당한 학생이 어느 순간 견디지 못하고 분노에 차 칼을 든 순간, 기다렸다는 듯이 '살인미수범'으로 잡아넣는 장면과 비슷하게 느껴졌다. 사실 계엄령 자체도 뜬금없고 당황스럽긴 했지만, 그렇다고 우리나라에서 내란이라니 …. 이 단어가 얼마나 과장된 말의 인플레인지, 스스로도 민망했다.

그러던 차에, 지인과 함께 지금 정국이 마치 드라마처럼 흘러 간다는 이야기를 나누었다. 그는 "안개 정국이 드라마틱하게 전개되고 있다"며 다음 대통령이 이재명 대표가 되는 것이냐고 물었다. 솔직히 계엄이 터지고 난 이후, 국민들이 가장 혼란스러웠던 그 일주일간은 정말로 모든 시나리오가 안갯속이었다. 하지만 내 기억 속에 분명히 남아있는 한 가지 장면은 바로 그 유명한 12월 12일의 대통령 대국민 담화였다.

나는 그 담화가 이 모든 사건의 '턴어라운드'였다고 생각한다. 정확히 그 담화가 나오기 전까지는 정말 곡소리만 가득했다. 당시 윤 대통령의 지지율은 바닥을 치고 있었고, 지지자들 사이에서는 '굿바이 윤석열' 분위기마저 감지될 정도였다. 그런데 담화가 끝나자마자 분위기가 급변했다. 특히 더불어민주당 출신으로 전향했거나, 이재명을 반대했던 사람들조차 윤 대통령을 칭찬하기 시작했다. 그들이 원하는 건 단지 이재명이 아닌 다른 누군가가 잘해줬으면 하는 마음이었겠지만, 어쨌든 윤 대통령의 메시지가 강렬하게 와닿은 것은 확실했다. 심지어 나와 늘 정치적으로 의견이 달랐던 어머니조차도 "윤 대통령이 전달력이 이렇게 좋은 줄 몰랐다"며 "처음부터 이렇게 했으면 좋았을 걸"이라는 말을 하셨다. 물론, 계엄은 여전히 이해하기 어려운 선택이었다고 덧붙이면서.

생각해 보면 참 이상하다. 우리 어머니를 포함해, 윤 대통령에게 투표하지 않았던 여성들조차 그를 보는 시선에 묘한 애정과 짠함이 있다는 게 말이다. 그가 완벽하지 않고 어딘가 허술해 보이는 부분이 오히려 여성들의 마음을 움직이는 듯했다. 보통 내 어머니 또래의 노년 여성층들은 윤 대통령이 나쁜 사람은 아닌데 결혼을 잘못했다며 은근히 안타까워하는 경우가 많다. 좌파들이 왜 그토록 김건희 여사 악마화에 열을 올리는지 알 수 있는 부분이다. 반면 나는 그런 반응 속에서 윤 대통령이 의외로 여성들에게 '먹히는' 캐릭터라는 걸 느꼈다. '큰 형님' '옆집 아저씨' 같은 친근하고 인간적인 이미지 때문일까. 확실한 건, 윤 대통령은 미움을 사는 타입은 아니라는 것이다. 그럼에도 불구하고 계속된 영부인 공격이나 무리한 정치 공세로 인해 결국 사람들의 연민을 자극하게 되었으니, 정치라는 건 참 아이러니한 것 같다.

## 윤석열의 씬스틸러 본능

윤 대통령의 연설 스타일에 대해 생각하다 보면 가끔 놀라게 된다. 솔직히 그가 정치권에서 오래 훈련받은 사람도 아니고, 그다지 철저히 준비한 느낌도 없는데 이상하게도 그의 말은 사람들의 귀에 잘 들어온다. 내가 직접 외국에서도 강의해 봤지만, 미 의회에서 영어 연설을 하거나 뜬금없이 「아메리칸 파이」를 부르는 그의 모습에서는 기이한 매력마저 느껴진다. 지인의 말마따나, "연습생 훈련이 그쪽으론 잘 된 것 같다"는 생각이 들기도 하지만, 나는 그것이 단지 훈련 때문만은 아니라고 본다.

윤 대통령에게는 특별한 기질이 있는 것 같다. 흔히 말하는 동네에서 잘 나가는 형 같은, 소위 '씬스틸러' 기질이다. 그런 사람은 굳이 트레이닝을 받지 않아도 전국노래자랑에 나가면 무대의 중심을 차지한다. 대통령의 과거 이력을 떠올려 보면, 분명히 엘리트 코스를 밟아온 사람이지만 이상하게도 약간 게으르고 한량 같은 이미지가 공존한다. 오히려 이런 점이 대중들에게는 더 매력적으로 다가온다. 무계획하고 자유로운 듯 보이지만 결정적인 순간에 그가 무대 위에서 보여주는 존재감은 놀라울 정도로 강렬하기 때문이다.

그런 모습이 가장 잘 드러난 것이 바로 얼마 전 낙동강 전선이 무너질 듯 모두가 혼란에 빠져 있던 때였다. 그가 갑작스럽게 내놓은 차분하고 안정된 톤의 연설에 사람들은 즉시 반응하기 시작했다. 도대체 저 연설문을 누가 썼냐는 이야기까지 나왔다. 관계자 분들에게 들은 바로는 대통령 본인이 한 줄 한 줄 직접 썼다고 했다. 놀라웠다. 그토록 혼란스러운 상황에서, 그 정도로 완벽하게 침착하고 설득력 있는 메시지를 던질 수 있다는 게 믿기 어려웠다.

지인들과 대화를 나누면서 우연히 듣게 된 이야기는 더 흥미로웠다. 대통령이 예전에 선거 운동을 수행했던 젊은 정치인들에게 자주 하던 말 중 하나가 유명한 축구 선수 요한 크로 이프에 대한 이야기였다고 한다. 그는 적진으로 혼자 드리블하며 뛰어들어가 상대방을 교란하는 스타일을 좋아한다고 했다. 어쩌면 지금까지 대통령이 보여준 행동들이 모두 그런 스타일에서 비롯된 게 아닌가 싶다. 혼자 모든 일을 짊어지고 적진으로 돌진하듯 상황을 돌파해 버리려는 태도, 그에게 그런 전술적 움직임은 체화된 본능과도 같아 보인다.

이런 점을 생각하면 윤 대통령이 처한 상황이 더 이해가 간다. 나 역시 이 당의 내부를 처음부터 지켜보면서, 조직력도 없고 결사적 동지의식도 부족한 당의 현실에 당황했었다. 윤 대통령 역시 외부인의 입장에서 처음 들어왔기에 결국 스스로 모든 짐을 떠맡을 수밖에 없었다는 걸 짐작할 수 있었다. 충성스러운 측근이 누구인지 파악할 시간도 없었으니, 결국 그는 스스로 '내 목을 쳐라'는 심정으로 홀로 무장하고 전장으로 들어갔던 셈이다. 그런 점에서 나는 그를 고독한 십자가를 진 사람이라고 표현할 수밖에 없다. 어쨌든 그가 스스로 방패가 되어준 덕에 용산에 있는 사람들 중 누구도 수사받지 않고 있으니까.

혹자는 이재명 대표가 결국 대통령이 될지를 물었지만, 내가 보기에 그것은 이미 윤 대통령이 살아 돌아오느냐 못 오느냐의 문제에 달려 있다. 내가 판단하기에 윤 대통령이 탄핵을 당하거나 완전히 밀려난다면, 이재명이 손쉽게 대통령이 될 것이고, 그 격차는 역대급으로 벌어질 것이라고 생각한다. 그러나 몇몇 대권 잠룡들이 지금 윤 대통령과 한동훈이 밀려나고 나면 자신들이 다시 전면에 나설 수 있다고 착각하는 모습을 보면 너무 답답하기도 하다. 솔직히 그런 분들이 말하는 "보수는 죽지 않았다"는 선언에 나는 동의하지 않는다. 보수 지지층은 지금 과거보다 훨씬 더 혼란스럽고 분노한 상태다. 이 상황에서 혼자 돌진하는 윤 대통령이 안쓰럽기도 하고, 또 한편으론 씁쓸하기도 하다.

지금의 상황에서 윤 대통령이 어렵게 만들어낸 이 극적인 턴어라운드를 결국 지켜내지 못하고 이 정권이 무너진다면, 그후유증은 과거 박근혜 정부가 탄핵당했을 때보다 훨씬 더 심각할 거라고 나는 생각한다. 왜냐하면 박근혜 정부가 무너졌을 때만 해도, 사람들은 반기문이라는 새로운 대안이 있다고 믿었고, 당시 새누리당을 뛰쳐나온 60명 가까운 의원들이 신당을 만들어 마치 갈아탈 새로운 배라도 있는 듯한 착각을 했다. 그때는 그렇게 쉽게 모두가 도망칠 수 있었다. 참모들도, 의원들도 하나둘씩 빠져나갔다.

하지만 지금은 다르다. 윤 대통령이 낙동강 전선에서 기적처럼 분위기를 바꾸며 어느 정도 지지자들에게 다시 희망을 준 상황이다. 이제 사람들은 예전처럼 쉽게 레거시 미디어가 만들어낸 가짜뉴스나 과장된 정보들을 곧이곧대로 믿지 않는다. 이제 그들은 '믿지 않을 준비'가 되어 있다. 이런 상황에서 만약 국민의힘이라는 제도권 정당이 또다시 지리멸렬한 모습을 보이며 무너진다면, 지지층의 분노는 걷잡을 수 없게 될 것이다. 지난번 탄핵 가결 당시만 해도 그 분노가 한동훈 장관과 지도부를 향해 터져 나오면서 지도부가 무너졌는데, 지금은 그때보다 상황이 더 심각해질 가능성이 크다. 지지지자들 입장에서는 두 번이나 자당의 대통령을 지키지 못한 무능한 정당을 우리가 왜 또 뽑아줘야 하는지 의문을 제기할 것이다.

지금의 상황은 희망고문과 비슷하다. 사람들에게 희망을 잠시나마 보여준 후, 그것을 지키지 못하면 실망과 분노는 배가 된다. 그렇게 되면, 과거 황교안 대표가 자유한국당과 바른미래당으로 나눠진 보수진영을 다시 합쳐 어떻게든 총선을 치러냈던 그때보다도 더 심하게 무너질 것이다. 나는 이것을 매우 심각하게 보고 있다.

하지만 여전히 당내에는 이 위기를 인지하지 못하는 사람들이 있다. 그들은 "윤 대통령부터 먼저 치워야 불확실성이 해소된다"고 주장하면서, 마치 윤 대통령을 먼저 처리한 뒤 그 다음 단계로 이재명을 처리할 수 있을 것처럼 나이브하게 믿고 있다. 지금 윤 대통령을 지키려고 하는 수많은 일반 지지자나 애국세력이 윤 대통령 개인을 특별히 사랑해서가 아니라, 이재명이라는 존재에 대한 공포가 너무도 크기 때문이라는 사실을 그들은 왜 모르는 걸까?

결국 이 모든 상황에서 분명한 것은, 국민의힘이라는 정당 자체가 위기에 처해 있다는 사실이다. 윤 대통령을 지키지 못한 채

정권이 무너지면, 더 이상 국민의힘을 지지하던 사람들이 이 당을 믿어줄 리 없다. 자신들을 극우라고, 내란선동 세력이라고 매도했던 이들에게 표를 준 만큼 지지자들이 순진하지 않다.

그래서 나는 지금 이 상황에서 윤 대통령이 좀 더 시간을 벌 수 있도록, 소위 '논개 작전'으로라도 버텨내야 한다고 생각한다. 그런데도 계속 잿밥에만 관심이 많은 일부 정치인들이 당내에서 끊임없이 노이즈를 일으키며 상황을 악화시키고 있다. 그들이야말로 지금 우리가 처한 가장 큰 위험이다. 윤 대통령이 지금 혼자서 적진으로 뛰어들어 싸우고 있다면, 최소한 그가 싸울 수 있게 서포트라도 해줘야 한다는 것이 내 생각이다. 지금은 윤 대통령이 만들어 놓은 희망의 불씨를 절대 꺼트리지 않아야 할 순간이기 때문이다.

## 따뜻한 아랫목의 선비들

지인과 이야기를 나누며 국민의힘 내부의 오래된 체질에 대한 답답함을 공유했다. 사실 이 당은 예전부터 늘 비슷한 문제가 있었다. 그의 말마따나, 한데서 찬바람 맞으며 온갖 고생 다 하는 사람들은 철저히 외면하고, 모든 상황이 정리된 후에야 따뜻한 아랫목에서 슬그머니 나와서 마치 자신들이 모든 걸 해결한 양 떠드는 그런 사람들이 계속 있었다. 나는 그걸 보고 속으로 생각했다. '한 번은 속아도, 두 번은 안 속는다.' 하지만 더 문제는 아직도 그런 전략이 또 통할 거라 착각하는 사람들이 있다는 것이다.

나는 지금 보수 지지층의 의식이 크게 달라졌다고 생각한다. 이제는 과거처럼 그들이 단순한 기득권층도 아니고, 선비 보수들처럼 '다 가만히 있어라, 문제없다'는 식으로 지지층을 다독여서 해결할 수 있는 상황도 아니다. 이제 보수층은 확실히 분노하고 있다. 특히 좌파적 기득권의 주류가 되어버린 세력에 대한 강력한 분노가 있고, 그들이 절대 용납할 수 없는 것은 따뜻한 데서 편히 지내던 선비 보수들이 나와서 "우리가 무도한 이재명을 청산하겠다"고 주장하는 일이다. 그걸 누가 믿겠는가?

솔직히 지금 더불어민주당은 이재명 대표가 강력하게 장악한 상황이다. 당근과 채찍을 적절히 활용하는 이 대표의 조직 장악력, 소위 '그립'이라는 것은 정말 무서울 정도로 견고하다.

오세훈이나 한동훈 같은 정치인들은 중도 확장성을 내세우며 자신들이 이재명을 잡을 적임자라고 하지만, 많은 지지층은 의구심을 갖고 있다. 스타일리시하고 온건한 말투로 합리적인 중도 보수의 이미지를 내세우는 것까지는 좋은데, 그들이 모르는 것이 있다. 지금처럼 나라가 극도의 혼란과 위기에 빠졌을 때 '합리적 중도'를 표방하며 적당히 기회주의적으로 움직이는 모습은, 정말로 위기의식을 느끼고 나라 걱정을 하는 보수층에게 결코 매력적으로 보일 수 없다는 점이다. 더 큰 문제는 합리적 우파 시민들에게 쉽게 극우라는 딱지를 붙이는 것이다.

솔직히 나 역시 이번 사태에 대해 조금이라도 강경한 목소리를 내니 곧바로 강경보수니 극우니 하는 비난을 듣기 시작했다. 나는 행동해야 할 때 행동하는 사람에게 손가락질을 하는 이런 상황이 너무 안타깝다. 내 주변에서는 내 이미지가 깎인다며 정치적 발언을 말리는 경우가 많다. 나는 나야말로 합리적이고 평범한 보수 시민으로서 나라가 걱정되어 소리를 내고 있을 뿐이라고 생각한다. 단지 목소리를 높였다는 이유만으로 '극우'라는 낙인을 찍으니, 이제 극좌의 영향력이 우파 깊숙이 들어왔다고 생각했다.

어쨌든, 지금 보수층은 과거의 그 미지근하고 무책임한 태도를 받아들일 여유가 없다. 윤 대통령이 어렵게 만든 반전의 기회를 또다시 놓치고 무너지게 된다면, 이 당은 정말 돌이킬 수 없는 수준으로 무너질 것이다. 과거처럼 '기회주의적 중도'나 '따뜻한 데서 편히 지내다 나온 선비 보수'에게는 이제 더 이상 기회가 없다. 보수 지지층의 분노와 절망이 어디로 향할지 나는 솔직히 두렵기까지 하다. 지금 이 순간 국민의힘에 필요한 것은 편한 아랫목이 아니라 차가운 현실을 직시하고 끝까지 싸울 수 있는 진정성이다.

최근 오세훈 시장을 지켜보며 더 실망스러웠던 이유는 그가 오락가락 줏대없는 행동을 보이기 때문이다. 처음에는 "계엄 자체는 잘못이지만, 그 원인은 결국 이재명의 더불어민주당 폭주 때문"이라고 하더니, 곧 이어서 상황이 불리해지자 말을 바꾸며 "탄핵이 능사는 아니다"라고 했다가, 다시 탄핵이 가결되고 분위기가 바뀌니 태도를 또 바꿔 탄핵을 찬성한다고 한다. 이런 모습은 결국 한동훈 장관이 보여줬던 오락가락하는 태도와 다를 게 없다. 사람들은 이걸 모를 거라고 생각하지만 다들 다 보고 있다.

이런 의미에서 홍준표 시장은 조금 다르다. 그는 너무 가볍고 투명해서 오히려 친근하다. 거칠게 큰소리치는 모습이 동네 욕쟁이 아저씨 같은 이미지라서 사람들이 별로 두려워하지 않는다. 예전에 지인과 농담하며 말했던 "야동 순재" 같은 느낌이랄까. 그래서인지 조기 대선이 만약 열린다면 오세훈 시장보다는 차라리 홍준표 시장이 보수 지지자들에게 더 믿음을 줄 수 있겠지만, 그렇다고 본선에서 이재명을 이길 수 있을 것 같지는 않다. 이미 그는 박근혜 탄핵 이후 대선 후보로 나왔을 때 24%라는 초라한 지지율로 퇴장한 적이 있는데, 이번에 다시 도전하면 더 초라해질지도 모른다.

지금 여권 내부에서 벌어지고 있는 혼란은 단순한 갈등이라기보다는 하나의 '레짐 체인지'로 가는 과정 속의 혼돈(chaos)이라고 보고 있다. 윤 대통령은 트레이닝되지 않은 거친 면과 인간적인 매력을 동시에 갖고 있다. 이번 계엄 사건도 전형적인 그의 스타일—급발진하고 사람들을 당황하게 만드는—이었다고 생각한다. 물론, 이 폭탄이 터지면서 보수 진영에 큰 충격을 주었지만, 그 덕에 기존의 질서가 재편되는 분위기마저 생겨나고 있다.

특히 기존 레거시 미디어의 영향력은 빠르게 줄고, 그 빈자리를 새로운 미디어가 채우고 있다. 무엇보다 놀라운 점은 여론조사에서 드러난 샤이보수의 욕망이다. 최근 천지일보에서 발표한 설문을 보고 놀랐다. '부정선거를 밝혀야 한다'는 의견이 42%에 달했다는 것이다(코리아정보리서치에 의뢰, 지난 1월 21~22일 실시). 겉으로만 보면 부정선거 이야기는 극소수 아스팔트 우파가 하는 주장으로 보이겠지만, 실제 민심은 전혀 달랐다. 이것은 정치권에서 보지 못하고 있는 강력한 민심의 신호였다.

나는 정치의 본질이 결국 민심에 있다고 믿는다. 지금의 윤 대통령에게는 그런 민심에 호소하는 묘한 힘이 있다. 그래서 그가 던지는 어떤 아젠다든 사람들이 한 번쯤 귀 기울이게 된다. 이것이 바로 지금 윤 대통령이 이 혼돈 속에서 보여줄 수 있는 가장 강력한 정치적 카드이기도 하다. 내가 지금 이 혼돈과 불확실성을 버티며 바라보는 이유도 바로 거기에 있다.


## 부정선거 담론과 윤석열의 용기

나는 원래부터 통계 전문가도, 법적 문제를 명확히 판단할 능력을 가진 사람도 아니다. 대신 오랜 시간 동안 사람들의 심리와 대중의 인식을 관찰하고 분석해 온 입장에서 정치 문제를 바라보는 편이다. 정치라는 건 결국 '인식'의 영역이고, 사람들이 세상을 어떻게 보고 태도를 결정하느냐에 달려있기 때문이다.

지인이 선거 관리 과정의 문제점을 이야기했을 때, 솔직히 처음엔 그 말을 듣고도 '과연 그런 일이 가능할까?'하고 반신반의했었다. QR코드를 써서는 안 되는데 법에 명시된 바코드 대신에 QR코드를 사용했고, 심지어 대법원이 "QR코드도 바코드의 일종이다"라고 판단했다는 이야기는, 내가 봐도 납득하기 어려웠다. 이런 식이라면 차라리 법을 바꿨어야 한다. 아무리 비슷한 기술이라 해도 법에 명시된 표현을 명백히 위반하는 것을 단지 '유사하다'는 이유만으로 허용해 버린다는 건 위험한 일이다.

부정선거론을 단순히 음모론으로 치부하는 몇몇 지인들은 그런 의혹에 대해 "말도 안 되는 소리 하지 마라"고 단호히 말했다. 그들이 좋은 직장에서 굳이 위험을 무릅쓰고 부정행위를 할 이유가 없다는 말에도 일리가 있다. 또한 그들은 단 한 명의 내부 고발자도 나오지 않는 것은 증거가 없다는 것이라고 한다. 낙선자들도 대부분 이 문제에 무관심했다. 그들은 내게 "니가 순진해서 모른다. 투개표 과정이 얼마나 엄정한데 그런 일이 일어날 리가 있느냐"고 타박했다. 그 말 역시 쉽게 무시하기 힘들었다. 하지만 내가 혼란스러운 이유는, 현장에 있었던 사람들이 공개한 사진 속에서 빳빳한 투표용지가 수북이 쌓여 있는 광경이나, 인하대에서 오랫동안 통계를 연구하셨던 80대 명예교수님이 프랑스에서 유학한 경험까지 바탕으로 '이 선거 결과가 통계적으로 불가능하다'는 논문까지 발표했기 때문이다.

또한 최근 드러난 선관위의 대규모 부정 채용 실태도 충격적인 수준이었다. 이런 의혹과 반박이 팽팽히 맞서고 있다면, 나는 당연히 공정한 조사를 해야 한다고 본다. 그런데 사람들은 오히려 이 논의를 무조건 덮으려고만 한다. 윤 대통령이 이런 논란 속에서도 '부정선거'를 밝히겠다고 나선 것은 솔직히 대단한 용기였다. 내가 윤 대통령의 정치적 존재감과 기질을 인정할 수밖에 없는 것도 바로 이런 이유다. 그가 이런 말을 꺼낸 순간부터, 모든 비난의 화살은 그를 향했다. "극우 유튜브나 보는 사람"이라는 조롱도 고스란히 받아내야 했다.

그러나 윤 대통령이 그 욕을 먹으면서까지 이런 의혹을 공론화했기 때문에, 이전에는 무시되었던 '부정선거'라는 주제가 이제 사람들의 대화 속에서 진지한 담론으로 떠오르기 시작했다. 나조차도 예전에는 부정선거라는 말을 들으면 단순히 음모론적 주장으로 생각하고 넘어갔다. "부정선거가 있었다면 윤 대통령은 어떻게 당선됐고, 오 시장 같은 사람들은 어떻게 된 거지?" 하는 막연한 의문만 품고 있었다. 하지만 지금은 제기된 여러 의들, 특히 선거관리위원회의 가족회사적 운영 방식과 취약한 보안체계 등 다각도로 감사와 수사가 필요하다는 입장이다.

최근 천지일보 코리아정보리서치 설문조사에서 부정선거 진상규명이 필요하다고 응답한 사람이 42%나 나왔다는 것은 내게 엄청난 충격이었다. 이 숫자는 단순히 극소수의 극우층이 주장하는 목소리가 아니라, '샤이 보수'로 표현되는 보수 지지층의 숨겨진 분노가 얼마나 큰지를 명확히 보여준다. 겉으로만 보면 부정선거 이슈가 소수의 과격한 주장으로 보일지 몰라도, 민심은 실제로 그보다 훨씬 깊은 불신과 불안을 품고 있었던 것이다.

나는 이런 의미에서 윤 대통령이 의도했든 안 했든, 지금의 혼란 속에서 사회적 담론을 바꾸고 있다는 점을 높이 평가한다. 그는 비난받을 것을 알면서도 먼저 화살을 맞아 사람들의 인식을 바꾸는 역할을 하고 있다. 그런 모습에서 나는 정치적 계산이 아닌 진정성을 느낀다.


## 싸우지 않는 보수는 끝났다

윤석열 대통령을 보며 정치인으로서의 존재감이나 기질이 남다르다고 자주 느끼는데, 특히 그가 부정선거 문제를 공론장에 던져놓는 방식은 매우 충격적이면서도 탁월했다. 누군가는 그를 향해 비웃고 비난했지만, 어쨌든 그는 이 문제를 매체가 다루는 공식적인 의제로 만들어버렸다. 나는 정치의 핵심이 결국 '의제 설정'이라고 믿는데, 그런 의미에서 윤 대통령만큼 이 영역에 탁월한 정치인은 본 적이 없다.

요즘 보수 진영을 보면, 운동장이 완전히 기울어져 거의 궤멸 상태에 가깝다고 봐도 무방하다. 이런 상황에서 우파의 재결집이 가능할지 나는 매우 회의적이다. 그런데 유럽이나 미국을 보면 최근 들어 우파 정당들이 다시 힘을 얻고 있다는 이야기도 들린다. 이것이 일시적 현상인지 아닌지는 모르겠지만, 확실한 것은 전 세계적으로 새로운 우파 정치를 요구하는 트렌드가 강력히 등장했다는 점이다.

여기서 중요한 건, 지금 떠오르는 우파는 과거의 익숙한 보수와는 완전히 다르다는 점이다. 나는 지금의 국민의힘이 이렇게 지리멸렬하게 된 이유도 바로 이 시대정신을 따라가지 못했기 때문이라고 생각한다. 지금의 시대정신은 보수가 더 이상 기득권으로서 안온하게 유지되는 걸 원치 않는다. 과거의 선비적인 보수, 소위 점잖게 앉아서 찡찡대지 말고 조용히 있으라는 보수가 아니라, 적극적으로 싸우고 투쟁하는 보수를 원하고 있다. 미국의 트럼프가 등장하며 강조했던 "파이트"라는 단어가 대표적이다.

흥미롭게도, 트럼프의 등장으로 보수의 적이 바뀌었다. 사람들은 그동안 적이 공산당이나 외부 좌파 세력이라고 믿었지만, 실제로 진짜 적은 내부에 있었다. 바로 보수당 안에 자리 잡은 '강남 좌파'와 비슷한 이른바 무늬만 보수, 즉 라이노(RINO) 보수였다. 트럼프는 이러한 내부의 가짜 보수를 적으로 규정하고 전투를 벌였다. 이 과정에서 자연스럽게 '극우'라는 비판이 쏟아졌던 것이다.

유럽 역시 상황은 비슷했다. 중도 보수를 표방하면서 항상 체제 안정과 현상 유지에만 매달리는 정당들이 있었는데, 사실 그들은 진정한 우파라고 볼 수 없다. 그들은 그저 기회주의적인 중도일 뿐이다. 오늘날의 우파는 명확한 신념과 전투적 태도로 좌편향된 사회를 다시 균형 잡아야 한다는 강한 시대적 요청을 받고 있다. 이 시대정신을 국민의힘이 계속 따라가지 못하고 민심과 괴리된다면, 결국 이 당은 도태될 수밖에 없을 것이다.

나는 평소 이준석이라는 인물 자체의 여러 정치적 한계와 문제점들에 대해 강하게 비판했지만, 동시에 그가 제기한 문제의식만큼은 보수 진영이 진지하게 고민할 필요가 있다고 이야기했다. 하지만 당내 사람들은 청년 문제를 이준석 개인의 문제로 축소하며 귀를 닫아버렸다. 청년들이 왜 여성가족부 폐지나 할당제 문제에 대해 진심으로 분노하는지 진정으로 공감하려 하지 않았다. 기성 정치인들의 이런 태도가 보수의 쇠퇴를 더욱 가속화하고 있다.

지금의 보수는 과거와는 완전히 다른 형태로 재탄생해야 한다. 민심이 원하는 보수는 명확하고 강력하며, 무엇보다 진짜로 싸울 줄 아는 보수다. 이걸 모르는 한, 보수의 재건은 불가능하다. 윤 대통령이 보여준 그 과감한 문제 제기처럼, 보수는 이제 내부의 적을 인식하고 싸워 이기는 법부터 배워야 한다. 그렇지 않고서는 미래를 말할 수 없을 것이다.

## '제2의 이준석' 프레임을 넘어

나는 책을 쓸 때도, 칼럼을 쓰거나 대중 앞에서 발언할 때도 늘 이 점을 강조했다. 이준석 개인을 어떻게 평가하든 상관없지만, 최소한 그가 던졌던 문제의식 자체는 보수 진영에서 진지하게 받아들였어야 한다고 말이다. 하지만 현실은 정반대였다. 당내에선 청년 문제를 조금이라도 언급하면 "너 이준석 빠야?" 하는 식으로 쉽게 비아냥거리고 치워버렸다. 나도 이런 분위기 속에서 여러 번 불편함을 겪었고, 결국 진짜 핵심이었던 의제들마저 함께 묻혀버리는 걸 목격했다.

더 심각한 문제는 보수 진영에서 원하는 청년상이 단지 병풍처럼 뒤에 서 있는, 그저 말 잘 듣는 청년들뿐이라는 사실이다. 그들이 바라는 청년은 자가발전하며 스스로 목소리를 내고 의제를 설정하는 청년들이 아니었다. 오히려 그런 청년들이 등장하면 "제2의 이준석"이라며 강력히 견제했고, 결국 끽소리조차 못하게 만드는 구조가 반복되고 있었다.

내가 느끼기엔 바로 이런 점이 국민의힘의 가장 큰 구조적 문제였다. 청년들이 실제로 겪고 있는 현실의 문제들을 치열하게 고민하고 대안을 제시하는 대신, 그저 순종적이고 눈치나 보며 조용히 서 있는 청년들을 선호하니, 새로운 세대를 향한 진정성 있는 메시지 전달도 불가능했다.

결국 내가 책과 칼럼을 통해 꾸준히 제기해 온 것은 이런 문제를 더 이상 방치해서는 안 된다는 점이었다. 지금 보수 우파가 가진 정치적 자산이라곤 행정권과 지역 인프라밖에 없는데, 이 지방자치를 통한 지역의 정치적, 사회적 역량을 제대로 활용하지 못하면, 보수 진영에는 다시는 기회가 오지 않을 것이다. 나는 지금이 정말 마지막 기회라고 생각하며 이 문제를 지적했다.

보수가 살아남으려면, 청년들에게 말할 수 있는 기회를 주고 그들이 자가발전하며 만든 의제를 진지하게 받아들여야 한다. 그렇지 않으면, 결국 보수 진영은 청년 전체 세대를 잃어버리는 치명적 위기를 맞게 될 것이다.

# 보수는 왜 갈라졌나

지금 대한민국 보수 진영이 겪고 있는 가장 심각한 문제는 바로 세대 간의 분열이다. 현재의 보수 진영은 크게 2030세대 보수, 4050세대 보수, 6070세대 보수로 세대가 뚜렷하게 구분되고 있다. 문제는 이들이 각각 너무나도 다른 시대적 경험과 정치적 정서를 가지고 있다는 점이다. 이것이 보수 진영의 결집력과 단결력을 크게 약화시키고 있다.

6070세대 보수는 냉전 시대를 경험한 안보 중심의 보수이다. 이들은 북한 위협이나 한미동맹 강화와 같은 전통적 안보 이슈에 민감하고, 국가안보의 가치를 최우선으로 여긴다. 반면, 4050세대 보수는 상당히 자본주의적 성향을 가지고 있다. 경제적 성공과 개인적 성취욕이 정치적 동력의 중심이 된다. 미국

주식 투자나 강남의 스타트업 등 경제적 자유주의에 기반한 이슈에 관심이 많다.

2030세대 보수는 또 전혀 다른 이슈를 중심으로 움직인다. 바로 '젠더 갈등'과 '공정성'이라는 아젠다. 이들은 젠더 이슈에서 비롯된 불공정성과 박탈감에 크게 분노하며, 이것이 정치적 참여와 투표 행동을 결정짓는 핵심 요인이 되고 있다.

이렇게 서로 아젠다가 전혀 다른 세대가 한 지붕 아래서 공존하는 현실에서, 보수 진영은 그 세대 간의 공감대 형성에 실패하고 있다. 2030세대의 문제의식은 6070세대에게는 이해하기 어려운 낯선 이슈로 보이고, 반대로 6070세대의 역사적 경험과 국가관은 젊은 세대에게는 지나치게 고루하거나 현실과 무관한 이야기로 들린다.

이러한 보수의 세대 갈등을 극복했던 거의 유일한 사례가 바로 '조국 사태'였다. 조국 사태 당시, 보수 진영은 모든 세대를 아우르는 통합의 아젠다를 발견했다. 당시 보수 유튜버들이 주도한 디지털 미디어 생태계는 기존 언론에서 다루지 않은 주제와 이슈들을 부각시키며 정치적 지형을 완전히 뒤집었다. 그 결과로 거리 정치가 활성화되었고, 윤석열 대통령이 탄생할 수 있었던 것이다. 당시 중도층과 젊은 층까지도 보수 유튜브의 목소리에 귀를 기울였다. 왜냐하면 기존 언론이 침묵한 주제를 재미있고 생생하게 전달했기 때문이다.

보수 진영이 다시 통합된 정치 세력으로 거듭나기 위해서는 '세대를 뛰어넘는 공통의 아젠다'를 발견하고, 이슈 중심의 단일한 메시지를 효과적으로 전달할 수 있는 미디어 전략이 절실히 필요하다. 보수의 성공 여부는 세대 간 차이를 인정하면서도 이를 통합할 수 있는 아젠다를 설정할 수 있느냐에 달려 있다. 지금 보수가 처한 상황은 단순한 정치적 위기가 아니라 새로운 정치적 통합을 위한 중대한 분기점이다.

# 중도는 지향점이 아닌 설득의 대상

지금 대한민국의 보수 진영은 극심한 내부 갈등으로 인해 정치적 위기에 처해 있다. 흔히 정치권에서는 '중도층'의 지지를 얻어야 선거에서 이길 수 있다고 말하지만, 중도층을 끌어오는 방식에 대한 보수 진영의 이해가 부족한 것 같다. 중도층은 단지 '밋밋한' 중립을 원하는 것이 아니라, 확실한 정치적 가치와 재미있고 설득력 있는 콘텐츠를 원한다. 과거 조국 사태 당시 보수 유튜브가 중도층까지 흡수했던 이유도 바로 그런 매력과 명확한 메시지가 있었기 때문이다.

"중도를 위한 전략이 필요하다"는 말은 반쯤 맞다. 그러나 더 정확하게 말하자면, 중도는 '지향점'이 아니라, '설득하고 끌어와야 할 대상'이다.

그러나 현재 보수 진영 내의 일부 세력은 내부적으로 "내란 동조 세력이다", "극우다"라는 비난을 하며 극도로 분열된 상태다. 이로 인해 보수의 힘은 통합되지 못한 채 낙동강까지 후퇴하여 최후의 보루에서 처절한 방어전을 펼치는 모습이다. 최근 한동훈 전 대표 체제의 붕괴도 바로 이런 내부 갈등에서 비롯된 것이다. 특히 한동훈 전 대표가 "내란" 프레임을 앞세운 이후 보수 지지층의 다수가 그 프레임에 동의하지 않는다는 여론조사 결과(국민일보 의뢰로 한국갤럽이 12월 6, 7일 조사한 결과)가 나왔고, 이것이 결정적으로 한 대표 체제를 흔들었다.

계엄 후 실시된 여론조사에서 보수 진영 지지층의 60% 이상이 "내란이 아니다"라는 입장을 밝힌 것은 매우 중요한 의미를 갖는다. 지금 보수 주류의 생각은 명확하다. 즉, "제2의 탄핵은 절대로 막아야 한다"는 것이다. 박근혜 전 대통령 탄핵의 경험을 통해, 탄핵이 보수 진영에 얼마나 큰 정치적 고통을 가져왔는지 이미 절감했기 때문이다. 그런 학습 효과가 보수 지지층과 정치인들 사이에 널리 퍼져 있다.

또한 이전의 박근혜 탄핵 시기와 다르게, 현재는 보수 진영 내에서 디지털 생태계가 구축되어 있으며, 이를 통해 과거와는 다른 방식으로 여론 대응이 가능해졌다. 정치적 학습 효과도 있고, 또 의도하지 않았던 파생적 전선들이 생겨나고 있다. 예를 들어, 최근 가수 임영웅이 탄핵 찬성 집회 불참으로 논란에 휘말렸고, 뉴진스나 아이유와 같은 연예인들도 탄핵 찬성 운동에 간접적으로 연루되면서, 보수 지지층 내부에 젠더 갈등이라는 새로운 쟁점까지 추가로 만들어졌다. 즉, 이제 계엄 사태를 넘어 다양한 사회적 갈등이 탄핵 전선과 결합되면서 보수 진영은 탄핵 반대라는 명확한 전선을 구축하게 되었다.

무엇보다 '이재명'이라는 강력한 대립점이 등장했다. 중도층 입장에서는 계엄 선포 자체가 아무리 황당하고 충격적이었더라도, 불과 일주일 만에 탄핵을 밀어붙이며 급격한 정치적 혼란을 야기한 더불어민주당의 모습에서 불안을 느끼기 시작했다. 즉, 더불어민주당과 이재명의 급진적인 정치 행보에 대한 중도층의 불안과 반감이 다시 커지고 있는 것이다. 계엄에 대한 불만을 넘어 민주당의 광기 어린 탄핵 밀어붙이기에 대한 우려가 보수 지지층과 중도층의 마음을 다시 보수 쪽으로 돌리게 만들고 있다.

지금 탄핵이 실현되어 조기 대선이 치러진다면, 사실상 이재명 대표가 권력을 잡을 가능성이 매우 높다는 점은 모두가 알고 있다. 많은 중도층 국민들은 지난 5년간의 문재인 정부 경험을 떠올리며, 그보다 더 강경하고 무모할 가능성이 큰 이재명 정부의 출범을 우려하기 시작했다. 문재인 정부에 실망해 "다시는 더불어민주당을 찍지 않겠다"던 중도층이, 이제 탄핵 사태를 계기로 다시 보수 진영으로 향할 가능성이 높아지고 있다.

지금 보수가 해야 할 일은 내부 갈등을 극복하고 탄핵이라는 정치적 전선을 중심으로 명확히 결집하여, 중도층까지 끌어들일 수 있는 아젠다와 메시지를 적극적으로 제시하는 것이다. 보수 진영의 정치적 생존은 바로 여기에 달려 있다.

# '청년'을 액세서리 취급 말라

현재 스페인과 같은 유럽 국가들의 정치적 상황은 한국의 정치 지형과 흥미로운 유사성을 갖고 있다. 특히 스페인의 경우 역사적 배경으로 인해 지역 간 갈등과 독립주의 운동이 강하게 존재하는데, 까탈루냐, 바스크 등은 자신들을 마드리드를 중심으로 한 카스티야(중앙 스페인)의 지배 아래 놓인 일종의 '피지배 민족'처럼 인식하고 있다. 이것은 마치 한국 정치에서 영호남 간의 지역 갈등과 유사한 점이 있다. 다만 스페인의 경우는 이런 지역 갈등이 더욱 첨예하여, 문화와 언어적 차이로 인해 독립 운동과 분리주의 운동까지도 상당히 활발하게 나타난다.

스페인의 주류 보수 정당 중 하나인 '복스(Vox)'당은 서방 언론으로부터 '극우'라는 평가를 받지만, 실제 그들의 정책적 입장은 하나의 강력한 스페인을 만들자는 국가 통합을 핵심 가치로 삼고 있다. 이는 미국의 트럼프가 '마가(MAGA, Make America Great Again)'라는 기치를 내걸었던 것처럼, 강력한 국가 정체성을 복원하고 국가의 위상을 높이는 데 중점을 두고 있다. 반면 좌파 및 지역 정당들은 지역 분리주의, 즉 EU 소속국으로서의 독립적인 지위를 추구하며 중앙 정부의 통제를 거부하는 입장이다. 결과적으로 스페인의 정치적 갈등은 지역 독립주의와 국가 중심의 통합주의 간의 치열한 대립 구도로 전개되고 있다.

현재 세계적으로 우파 정치가 다시 강력한 주목을 받고 있는 이유 중 하나가 바로 이런 맥락에서 이해될 수 있다. 세계화(Globalization)의 시대가 막을 내리고, 코로나 팬데믹과 우크라이나 전쟁 이후 각국이 국가 안보와 민생 문제에 더욱 집중하게 되면서 국가(nation)의 중요성이 다시 강조되고 있다. 유럽의 많은 나라들이 경제 위기, 에너지 문제, 범죄 증가 등으로 인해 기존의 좌파적 글로벌리즘과 정치적 정체성(PC) 중심의 이념에서 벗어나, 민생 문제 해결과 국가 공동체의 복원을 강조하는 우파 정당을 지지하기 시작한 것이다.

한국 역시 이러한 글로벌 흐름에서 예외가 될 수 없다. 한국의 보수 우파 진영은 대한민국의 근현대사에서 산업화와 민주화를 주도하며 국가 발전의 핵심적 역할을 했음에도 불구하고, 최근 들어 내부적으로 지나치게 세대 간 분열과 아젠다의 부재로 혼란스러운 상태이다. 이런 문제를 해결하기 위해 한국의 보수 우파는 글로벌 우파의 성공 사례에서 배워야 할 점이 많다. 즉, 전통적인 국가 가치, 민생 중심의 실용주의적 접근, 그리고 내부 단결을 이루는 통합적 리더십과 비전을 제시해야 한다.

특히 한국 정치권에서 소홀히 대했던 2030 청년 세대를 진지한 정치적 주체로 대우해야 한다. 여야 정치권 모두 지난 수십 년간 2030세대를 일종의 '액세서리'나 정치적 도구로만 생각해 왔다. 그러나 탄핵반대운동의 동력을 새롭게 주도했던 2030세대는 이미 정치적 주역으로 되었다. 따라서 청년 세대를 진정으로 존중하고, 이들이 겪고 있는 현실적 문제를 적극적으로 정책 아젠다로 설정할 필요가 있다. 이는 곧 글로벌적으로 대두하고 있는 우파 정치가 청년 세대의 민생과 현실적 요구를 적극적으로 수용하여 성공을 거두고 있는 사례에서도 확인할 수 있다.

한국의 보수 우파는 이제부터라도 시대적 흐름과 국제적 추세를 명확히 읽고, 강력한 국가 정체성과 현실적인 민생 아젠다를 중심으로 세대 간 통합을 이뤄내야 한다. 특히, 청년층을 더 이상 정치적 액세서리가 아니라 미래의 주역으로 인정하고 적극적으로 그들의 목소리를 수용할 때, 비로소 보수 우파는 국민의 지지를 얻고 대한민국의 새로운 시대를 열 수 있을 것이다.

## 액세서리가 아닌 주체로

한국 정치에서 '2030 청년 세대'는 지금껏 진정한 정치적 주체로 인정받기보다는 정치적 액세서리로 소비되어왔다. 청년은 각 정당에서 구색을 맞추기 위한 장식물로 전락한 지 오래다. 더불어민주당과 국민의힘 모두 자신들이 청년층을 대표한다고 내세우지만, 실상은 이들을 정치적 주체로 존중하지 않는다.

더불어민주당의 경우 장경태, 박성민, 김남국 등 젊은 정치인들이 등장했지만, 이들은 자신의 정치적 아젠다나 독립적인 비전을 가지고 성장했다기보다는 지도부의 눈에 들어 발탁된, 이른바 '충성심'으로 자리잡은 사례다. 더불어민주당은 정치적 경험이나 실력보다는 당의 지도부에 얼마나 충성하는지, 얼마나 말 잘 듣는지에 따라 청년 인재를 발탁하고 있다. 결과적으로 이들은 당의 기존 기득권 세력이 원하는 메시지만을 반복하는 도구로 전락하고 만다.

반면 국민의힘은 조금 다르면서도 비슷한 문제를 겪고 있다. 국민의힘은 학벌과 명성을 가진 인물을 주로 발탁한다. 하버드 출신의 이준석이나 사격 금메달리스트 진종오처럼 개인적 스펙이 뛰어난 인재를 '트로피'처럼 내세우는 경향이 있다. 당 대표가 바뀔 때마다 새로운 '청년 인재'를 영입하고 홍보하지만, 결국 이들도 지도부의 정치적 장식품 역할을 하는 데 그친다.

더 심각한 문제는, 기존에 당에서 꾸준히 활동해왔던 청년 정치인들을 제대로 챙기지 않는다는 점이다. 지난 대선 기간에 잠을 줄여가며 대변인단과 현장 실무를 맡아 뛰었던 수많은 청년 활동가들이 지도부가 바뀔 때마다 잊혀지고 새로운 사람으로 대체되는 현상이 반복되고 있다. 이러한 방식은 정당의 인적 자원 관리뿐 아니라 청년들이 장기적인 정치적 성장을 이루는 것을 방해하고 있다.

청년 정치인의 지속적인 성장을 위해서는 무엇보다 정당이 청년을 바라보는 시각부터 달라져야 한다. 유럽이나 호주 같은 서구 국가에서는 지방자치제와 정당 내에서의 체계적인 정치 인재 양성 프로그램을 통해 청년 정치인들이 단계적으로 성장하고 리더십을 갖출 수 있도록 돕고 있다. 한국 정치권도 이제 청년을 일회성 장식물이 아닌, 스텝 바이 스텝으로 성장하며 독립적이고 책임 있는 정치적 주체로 만들어가야 할 필요가 있다. 청년 정치인들이 정당의 주류 정치인으로 성장할 수 있도록 인재 양성 시스템을 마련하는 것이 무엇보다 시급한 과제다.

청년 정치인의 성장과 양성 문제는 구조적인 취약성에 그 원인이 있다. 현재 국민의힘과 더불어민주당 모두 청년 정치인을 단기적이고 일회적인 '깜짝 스타'로 소비하고 끝내는 경향이 강하다. 정치적 경험이나 실력을 차근차근 쌓아 장기적으로 성장할 수 있는 구조가 아니라, 갑작스러운 인재영입과 낙하산식 발탁만 반복되고 있다. 이로 인해 내부에서 오랜 기간 정당 활동을 해온 청년들이 소외되고 있다.

실제로 내가 여의도연구원에서 일했던 당시에도, 당내에서 오랫동안 묵묵히 연구와 활동을 해온 우수한 인재들이 있었다. 이들은 당 내부의 상황을 정확히 이해하고 실무적으로도 즉각 투입 가능한 역량을 갖추고 있었지만, 정작 당대표나 지도부가 교체될 때마다 외부에서 영입한 인사들로 채워졌다. 정당의 핵심 인재들이 지도부가 바뀔 때마다 등장하는 '점령군'들에 의해 밀려나 정치적 역량을 발휘하지 못하고 있는 현실이다.

국민의힘의 최근 사례를 보면 더욱 두드러진다. 당내 활동 경험이 전무한 유명인사나 학벌 좋은 청년들을 즉흥적으로 영입하여 마치 '트로피'처럼 보여주는 방식으로 청년 정치를 하고 있다. 이는 일시적으로 당의 이미지를 개선할 수 있을지 모르지만, 장기적으로 정당의 인적 자원을 황폐화시키는 결과를 낳는다.

더불어민주당 또한 비슷한 문제를 안고 있다. 충성심과 지도부에 대한 맹목적인 복종을 기준으로 청년 정치인을 선택함으로써, 청년들이 자신의 정치적 철학이나 독립적 아젠다를 갖추는 것을 방해하고 있다. 결국 양당 모두 청년들을 구색 맞추기나 액세서리로 활용하는 형태를 벗어나지 못하고 있는 것이다.

한국 정치가 장기적으로 발전하려면, 무엇보다 정치인을 키워내는 인프라를 강화해야 한다. 유럽의 이탈리아 형제당의 멜로니 총리와 같은 사례는 우리에게 중요한 시사점을 준다. 그녀는 청년 시절부터 정당의 청년 당원으로 시작하여 지방정치를 거쳐 국가 지도자로 성장했다. 이런 성장 경로가 가능한 이유는 정치적 역량을 차근차근 쌓을 수 있는 구조적 지원과 시스템이 뒷받침되었기 때문이다.

MB 정부 시절의 '실용적 실력주의' 또한 지금 다시 주목할 만하다. 당시 이명박 대통령은 흙수저 출신으로, 열심히 노력하면 성공할 수 있는 시스템을 만들기 위해 상고 출신의 우수 인재들이 대기업에 진출할 수 있는 구조를 마련했다. 또한 청년 창업 아이템 경진대회를 열어 혁신적이고 실질적인 성과를 창출하는 등 실력 중심의 인재 양성을 추진했다. 지금 우리 우파 진영이 나아가야 할 방향은 이처럼 실용과 실력 중심의 정치 구조를 만드는 것이다. 청년들이 장기적이고 지속 가능한 방식으로 정치적 리더십을 키울 수 있는 환경을 만들어야만 한국 정치의 미래가 열릴 것이다.

# 정치지형, 세대가 바뀐다

최근 한국 정치 지형의 급격한 변화를 주목해야 한다. 단순히 '보수 결집'이라는 기존의 분석을 넘어, 보다 복합적이고 본질적인 변화가 진행 중이다. 특히 4050세대와 호남 지역에서 나타난 보수로의 전향은 일시적 현상이 아니라 정치 지형의 근본적 변화를 예고하는 신호탄이다.

흥미롭게도 보수의 전통적 텃밭인 TK와 PK 지역의 결집률은 여전히 50%대에 그치고 있다. 이는 전통적 보수가 아직 완전히 결집하지 않았음을 의미하지만, 한편으로는 새로운 세대의 등장을 알리는 신호이기도 하다. 특히 2030세대와 호남 지역의 20%대 지지율은 한국 정치가 과거의 단순한 진보 대 보수의 구도를 벗어나, 더욱 복합적이고 다층적인 성격으로 변화하고 있음을 보여준다.

이러한 변화는 한국 현대사에서 4·19 혁명, 5·18 민주화 운동, 6·29 선언과 견줄 만한 중요한 전환점으로 간주할 수 있다. 특히 최근의 12·3 사태는 정치적, 사회적 의미에서 '무혈 명예혁명'으로 평가받을 가능성이 크다. 나아가 새로운 세대적 정치 흐름인 소위 '12·3세대'의 등장을 알리는 계기가 될지도 모른다.

　이 정치적 흐름의 본질은 전통적인 보수-진보 대립이 아니라 기득권 중심의 엘리트주의 정치와 대중주의 정치 간의 충돌이다. 이 과정에서 기존의 공중파와 기성 언론은 주도권을 급속히 상실하고, 유튜브와 같은 신매체가 담론의 중심으로 부상했다. 이러한 미디어 지형의 변화는 곧 정치적 주도권이 4050세대에서 2030세대로 이전되는 세대적 전환을 가속화하고 있다.

　2030세대는 기존 정치의 한계를 직감하고, 스스로 6070세대와의 전략적 연대를 통해 시장을 확대하며 체제 수호의 주역으로 부상하고 있다. 이 과정에서 6070세대가 2030세대를 견인한 것이 아니라, 2030세대가 자발적으로 주도권을 행사하고 있다는 점이 주목할 만하다. 새로운 정치 지형에서는 능동적이고 감각적인 젊은 인재들이 빠르게 두각을 나타내고 있다.

　이제 기존의 조중동 등 레거시 미디어는 거리의 담론을 이끌 힘을 상실했다. 시민들은 유튜브 등 신매체를 통해 정보를 얻고 자발적으로 정치적 행동에 참여하고 있다. 이는 문화적 패권이 기성 엘리트 중심에서 2030 중심으로 넘어가고 있음을 의미한다.

　과거 이준석이나 진중권과 같은 엘리트주의적 우파 담론은 이제 우파 내부에서조차 설 자리를 잃고 있다. 이미 우파 내부의 지각 변동은 시작되었고, 앞으로 이 흐름은 더욱 명확하게 자리 잡을 것이다. 한국 정치는 이제 새로운 세대와 새로운 미디어 환경이 주도하는 완전히 다른 차원의 시대를 맞이하고 있다.

# TK와 PK, 보수우파의 마지막 방파제

최근 동대구에서 열린 윤석열 대통령 탄핵 무효 집회는 부산에 이어 역대급의 인파가 몰리면서 그 열기가 전국으로 확산되고 있다. 이는 대한민국 정치의 본질이 지역적 기반 위에 놓여있음을 다시금 확인하는 계기가 되었다.

과거부터 정치와 선거의 핵심이 지역에 있다고 여러 차례 강조해왔다. 특히 PK(부산·경남) 지역은 대한민국의 주요 선거마다 결정적인 역할을 해왔다. 지난 총선에서도 국민의힘이 일정 의석수를 확보할 수 있었던 데에는 PK 지역의 역할이 매우 컸다. 반면, 한동훈 체제는 영남권의 민심을 잃으며 지역 기반의 취약성을 드러내고 지지율 하락을 겪었다.

한동훈 전 대표 체제 이후 국민의힘은 '청년', '수도권', '외연확대'를 주장하며 변화를 꾀했지만, 영남권 지지자들의 기대와 요구를 충분히 반영하지 못했다. 영남을 정치적 기반으로 삼으면서도 이를 부끄럽게 여기고 '영남 자민련화'라는 용어까지 사용한 것은 모순적이고 위선적이었다. 이는 보수 진영을 혼란에 빠뜨렸고 결국 총선의 참패로 이어졌다.

그러나 최근 대통령 탄핵 사태와 한동훈 전 대표의 사퇴를 겪으며 국민의힘은 오히려 결집하게 되었다. 특히 TK(대구·경북)와 PK는 자유민주주의 대한민국 체제를 수호하는 전위대로서 강력한 결집력을 보여주고 있다. TK는 체제 수호와 정의로운 법 집행을 원했고, PK는 반공 이념과 동시에 상식을 중요하게 생각했다. 이 두 지역의 불만은 문재인 정부 인사들에 대한 미온적인 대응에서 비롯되었지만, 최근 탄핵과 체포 상황을 겪으며 다시 하나의 목소리로 모이게 되었다.

현재의 분위기는 명확하다. TK와 PK를 중심으로 윤석열 대통령을 지키려는 결기가 강력히 형성되고 있다. 또한, 더불어민주당과 이재명 대표에게 다시 권력을 주어서는 안 된다는 확고한 인식이 자리 잡고 있다. 이 같은 지역적 결집은 앞으로도 지속될 것이며, 이는 국민의힘과 대통령 지지도의 하락을 막아낼 주요한 힘이 될 것이다. 지금은 대한민국의 체제를 지키기 위한 역사적이고도 결정적인 순간이며, TK와 PK가 그 중심에서 가장 강력한 힘을 발휘하고 있음을 인정해야 한다.

# 혼란의 시대, 명확한 피아식별이 필요하다

최근 우파 진영에서 벌어진 정치적 혼란과 분열의 원인은 결국 지도자에 대한 명확한 피아식별이 이루어지지 않았기 때문이다. 윤석열 대통령과 한동훈 전 대표 사이에서 벌어진 복잡한 권력 투쟁은 지지자들 사이에서 많은 혼란을 초래했다. 처음에는 한동훈 전 대표가 윤 대통령과 대립각을 세웠을 때, 많은 보수 성향의 지지자들이 둘 중 하나를 택하면서 진영의 분열이 심화되었다. 윤석열 대통령을 옹호하면 한동훈 지지자들이 떨어져 나갔고, 반대로 한동훈 전 대표를 존중하면 윤석열 지지자들이 등을 돌렸다. 그 과정에서 나 역시 양쪽 진영의 이탈을 경험했다.

총선 과정에서 한동훈 전 대표가 보수 진영의 기대주로 떠올랐을 때 나는 전략적 차원에서 그의 역할을 인정하고 존중했다.

당시 중요한 것은 보수 진영의 총선 승리였고, 비록 개인적으로 불만스러운 점이 많았으나 진영 전체의 전략적 이익을 위해 비판을 자제했던 것이다. 그러나 총선 이후의 정국, 특히 계엄과 탄핵 국면에서 한동훈 전 대표가 보여준 행보는 보수 진영 내에서의 정치적 정체성을 더욱 분명히 드러냈다.

현재 한동훈 전 대표와 그의 측근들이 보수우파의 대다수 세력을 "극우"로 몰아가는 것은 매우 우려스러운 현상이다. 우파 내부에서 분열과 갈등을 유발하는 정치, 즉 극단적인 배제의 태도를 보이는 행보는 보수 진영의 미래에 긍정적이지 않다. 더욱이 내란 프레임과 같은 지나친 정치적 공격은 보수의 단결을 방해하고 내부의 갈등을 증폭시키고 있다. 안철수 의원조차도 내란죄 적용이 없었다면 탄핵에 찬성하지 않았을 것이라고 언급한 점은, 현재의 정치적 프레임이 얼마나 과장되고 왜곡된 것인지 잘 보여준다.

이러한 정치적 갈등을 경험하면서 우파 진영은 중요한 교훈을 얻었다. 이준석 전 대표와 한동훈 전 대표의 사례를 통해서도 알 수 있듯이, 더 이상 검증되지 않은 인물들에게 진영의 지도력을 맡기는 과거의 실수를 반복해서는 안 된다. 앞으로의 보수 우파는 명확한 정치적 정체성과 가치관을 지닌 인물을 중심으로 단합해야 하며, 단순히 말로만 그럴듯한 구호를 외치는 인물이 아니라, 진정으로 검증되고 책임 있는 정치 지도자를 선택해야 할 것이다.

# 87체제의 몰락과 새 시대의 탄생

## 기득권 대 반기득권의 전면전이 시작되었다

최근 대한민국은 '87체제의 몰락'이라는 역사적 전환기 앞에 서 있다. 이는 단순한 좌우의 이념 대립이 아니라, 기득권과 반기득권 간의 본격적인 체제 전쟁이라고 볼 수 있다. 대한민국 모든 영역에서 이러한 기득권 대 반기득권의 전선이 급속히 형성되고 있다.

정치 영역을 보면, 국민의힘 내부에서도 이러한 갈등이 뚜렷하게 나타나고 있다. 원내 인사들은 윤석열 대통령과 거리를 두며 조기 대선을 통한 정권 재창출 전략에 몰두하고 있지만, 원외 인사들은 민심의 압력을 강하게 받고 있다. 민심의 물결에 올라타 당 내부로 진입하려는 새로운 정치적 에너지가 형성되는 중이다. 최근 원외 정치인들이 윤 대통령에게 더 적극적으로 우호적인 메시지를 보내는 이유는 바로 이런 맥락에서 이해해야 한다.

조해진 전 의원과 같은 인물들이 원외에 있으면서도 윤 대통령과의 정치적 연대를 강화하는 현상은, 앞으로의 정치적 흐름이 기득권의 유지가 아니라 반기득권 민심의 확장을 중심으로 전개될 것임을 암시한다.

언론계 역시 급격한 변화가 예상된다. 보수 진영 내부에서는 기성의 조중동식 보수 담론이 쇠퇴하고 있으며, 보다 적극적이고 대중주의적인 보수 담론이 부상하고 있다. 이것은 단순한 분열이 아니라 새로운 세대적, 시대적 흐름에 따른 구조적 변화이다.

사법부 또한 예외가 아니다. 과거 진보진영의 주류였던 '우리법연구회'는 이제 심판의 대상이 되었으며, 행정부와 관료조직 내에서도 기득권과 반기득권 전선이 선명하게 드러나고 있다.

더 이상 대한민국의 정치적 쟁점은 전통적인 좌우 이념의 문제가 아니다. 이제는 '86 기득권' 대 'MZ 반기득권'의 세대 간 대결 구도가 더 큰 쟁점으로 자리 잡았다. 심지어 더불어민주당의 텃밭인 호남에서도 민주당 내부의 기득권 대 반기득권 갈등이 나타나고 있다.

이 새로운 전선의 중심에는 명백히 MZ세대가 있다. 기존 기득권 세력에 비해 숫자적으로나 조직력에서 여전히 소수이고 약자이지만, 이들은 시대의 흐름과 민심의 거대한 물결을 타고 빠르게 성장하고 있다. 4050 중도성향 세대 역시 반기득권 전선에 가담하기 시작하면서, 그 파급력은 더욱 강력해지고 있다.

대한민국은 이미 새로운 시대정신을 향한 특이점을 통과 중이다. 그 변화의 중심에는 기득권 세력과 이에 저항하는 반기득권 민심의 충돌과 융합이 존재한다. 앞으로의 대한민국 정치는 이 전선이 결정하게 될 것이다.

# Chapter 8

# 제7공화국의 서막

# 윤석열의 귀환

윤 대통령의 컴백이 현실화되고 있다는 이야기가 점점 더 진지하게 들려온다. 정치적 혼돈의 한가운데서 대통령의 복귀 가능성을 판단하는 탄핵 심판은 본질적으로 정치적 재판일 수밖에 없겠지만, 궁극적으로 헌법재판소가 주목할 부분은 진정으로 대한민국을 위기에 빠트린 세력이 누구인지, 대통령으로서의 통치능력과 정치적 안정성을 회복할 가능성이 있는지에 대한 질문일 것이다.

계엄이 선포되었던 그 시기, 그러니까 지난해 12월 말부터 올해 초까지만 해도 윤 대통령 주변의 상황은 사실상 파국에 가까웠다. 더불어민주당은 줄줄이 29회에 걸친 탄핵을 감행했다. 감사원장과 이창수 중앙지검장은 물론, 법무부 장관까지 탄핵당했고, 이상민 장관에 대한 공격과 김용현 장관의 구속으로 내각은 초토화되었다. 당시 보도에 따르면 대통령 비서실의 수석들조차 무더기로 사표를 제출했다고 했다. 누군가는 스스로 자리를 떠났고, 또 누군가는 포로처럼 잡혀 있거나 숨어 지내야 했던 것이다.

당시만 해도 보수 진영 내에서조차 탄핵이 인용될 것이라는 전망이 압도적이었다. "윤석열 대통령이 다시 돌아왔으면 좋겠지만 현실적으로는 어려울 것 같다"는, 아픈 마음을 담은 체념의 목소리가 지배적이었다. 이유는 간단했다. 이미 대통령과 그의 정치적 팀이 철저히 무너졌다고 판단했기 때문이다.

그런데 최근의 분위기는 크게 달라지고 있다. 아이러니하게도 민주당과 헌재가 무리하게 추진한 연쇄적 탄핵이, 오히려 윤 대통령의 복귀 가능성에 대한 희망을 만들어냈다는 것이 흥미로운 지점이다. 본래 헌재가 이 문제를 신중하게 처리했더라면, 윤 대통령에 대한 탄핵 심판 역시 절차적 흠결을 가득 안은 채 이토록 빠르게 진행될 이유가 없었다. 그러나 헌재는 마치 누군가에게 떠밀리듯이, 혹은 누군가와 합을 맞추듯이 빠르게 움직였다. 내각 주요 인사들에 대한 탄핵 결정도 미루고 미루다가 갑자기 재판관 임명을 서둘러 마무리 짓고, 마치 윤 대통령을 신속히 처단하겠다는 듯 서두르는 모습을 보였던 것이다.

이러한 급박한 움직임은 대중에게 반대로 읽혔다. 정치적으로 억압받고 있다고 여겨졌던 윤 대통령이 오히려 피해자, 또는 탄압받는 지도자의 이미지로 반전을 이룬 것이다. 너무 성급히 밀어붙인 탄핵이 그를 정치적으로 부활시킬 계기를 제공한 셈이다.

결국 정치라는 것은 자만하거나 성급히 움직일 때 예상치 못한 부메랑으로 돌아오기 마련이다. 더불어민주당과 헌재가 보여준 조급함과 자신감이 뜻밖에도 윤 대통령에게 컴백의 기회를 열어준 것처럼 말이다.

## 윤석열과 제7공화국 개헌의 서막

무안 공항 참사가 터졌을 당시를 돌아보면, 마치 현실이 드라마보다 더 기이한 사건이었다. 어느 날 갑자기 윤석열 대통령을 체포하겠다며 수천 명의 경찰력을 동원했던 그 순간은 마치 넷플릭스의 범죄 스릴러보다 더 극적이었다. 조폭을 잡는 경찰들까지 출동해 펼쳐졌던 광경은 현실감마저 잃게 만들었다. 어설픈 영화보다 현실이 더 자극적이고 생생했던 것이다.

한때 보수 진영에서는 윤석열 대통령의 정치적 재기가 불가능하다는 전망이 지배적이었다. 이미 내각은 초토화됐고, 용산의 정치적 기반은 무너져 내려, 그의 정치적 생명줄은 끊어진 듯 보였다. 모두가 도망치거나 숨어버려 윤 대통령은 사실상 정치적 포로 상태에 빠져 있었다.

그러나 최근 상황은 다르다. 정치적 볼모로 묶여 있던 이창수 중앙지검장과 최재해 감사원장, 한덕수 국무총리 등 핵심 인사들이 속속 돌아오면서, 마치 영화에서 전투 후 동료들이 하나둘씩 모여 전열을 재정비하는 장면과도 같았다. 이 과정에서 윤 대통령의 팀은 서서히 복원되기 시작했고, 새로운 정치적 분위기가 형성되었다.

이제 윤석열 대통령이 마주한 시대적 소명은 명확하다. 바로 '87년 체제의 종식'과 '제7공화국으로의 이행'이다. 1987년, 민주화 운동 이후 탄생한 현행 헌법은 본래 대통령 직선제를 위해 만들어졌으나, 시간이 지나면서 그 한계와 모순이 여실히 드러났다. 국민이 직접 뽑은 대통령의 권위가 헌법재판관의 결정에 의해 손쉽게 흔들리는 지금의 현실은 이미 그 체제가 한계에 도달했음을 보여준다.

국민의 절반의 표를 받아 당선된 대통령이 헌법재판관의 판단에 따라 쉽게 탄핵 위기에 몰릴 수 있는 현실은 대통령 직선제라는 민주주의의 근본 정신을 심각하게 훼손하고 있다. 한덕수 총리의 탄핵과 방송통신위원회 문제 등 일련의 사건들이 헌법재판소의 손에 좌우되는 모습을 보며, 많은 이들이 의문을 품기 시작했다. 이렇게 된다면 대통령과 행정부의 존재 이유는 무엇인가? 헌법재판관이 마치 신성한 제사장처럼 모든 것을 좌우하는 현재의 시스템은 재정비될 필요가 있다.

윤석열 대통령이 이제 임기에 연연하지 않고 개헌을 추진한다면, 그는 '개헌 대통령'이라는 역사적 역할을 맡게 된다. 복잡한 이해관계로 얽혀 누구도 쉽게 손댈 수 없었던 개헌 과제를 대통령 자신이 주도함으로써 시대적 과업을 완수할 수 있는 것이다. 개헌을 통해 그는 민주주의의 본래 취지를 회복시키고, 대한민국 정치의 새로운 시대를 여는 지도자로 기록될 수 있을 것이다.

## 정치적 시련이 만들어낸 '찐사랑'의 힘

지난 몇 달 동안 국민들은 마치 하나의 거대한 감정적 롤러코스터에 탑승한 듯했다. 윤석열 대통령을 둘러싼 일련의 사건들은 사람들에게 놀라움과 분노, 불안과 안도, 기쁨과 감동을 반복적으로 안겨주었다. 대통령에 대한 국민들의 열광과 지지는 이전에 찾아보기 어려웠던 특별한 현상이다. 사랑은 전염되고 순수함은 사람들을 움직이게 만든다. 이러한 순수한 마음으로 윤 대통령을 향한 국민들의 '찐사랑'이 표현되고 있으며, 이는 그 어떤 정치적 세력도 쉽게 넘지 못할 힘이 되고 있다.

최근 여론조사 결과에서도 드러나듯, 탄핵 기각 의견이 39%를 기록한 데 비해 이재명 대표에 대한 지지는 30%에 머물렀다(엠브레인퍼블릭·케이스탯리서치·코리아리서치·한국리서치 3월 10~12일 전국 만 18세 이상 남녀 1000명을 대상으로 실시). 이는 단순한 숫자 이상의 의미를 담고 있다. 즉, 지금의 정치적 대결 구도는 윤석열과 이재명 사이의 명확한 차이를 드러낸다. 윤석열 대통령이 받고 있는 국민적 관심과 열광은 가히 폭발적이라 할 만하다. 이재명을 지지하는 일명 '개딸'이나 한동훈 장관을 지지하는 이른바 '한딸' 세력은 이에 비해 미미한 존재에 불과하다.

이러한 국민적 열광과 사랑의 근원은 윤석열 대통령이 국민에게 구체적으로 어떤 혜택을 제공해서가 아니다. 오히려 윤석열이라는 인물 자체, 그의 정치적 캐릭터가 하나의 강력한 브랜드로 국민의 마음속에 각인된 결과라고 할 수 있다. 특히 보수 진영에서 그가 차지하는 위상은 전례가 없을 정도로 특별하다. 정치 역사상 이렇게 강력한 국민적 사랑과 지지를 받은 인물은 찾기 어렵다.

윤 대통령의 정치 여정은 결코 순탄치 않았다. 그는 정치 입문 당시부터 국민의힘 지도부와 마찰을 빚었고, 내부 갈등으로 상처를 입기도 했다. 정치 경력이 길지 않아 자신만의 견고한 세력이나 결사체가 없었던 그에게, 정치적 고난과 어려움은 필연적이었다. 과거의 '3김 시대'에는 각 정치인마다 견고한 파벌이 있었지만, 현재의 정치권은 각자의 생계를 중시하고 이해관계에 민감한 정치인들로 가득 차 있어 윤 대통령의 입지가 더욱 어려웠던 것이다.

하지만 이 모든 어려움과 도전이 오히려 윤석열 정치의 성숙과 발전, 그리고 확장의 기회로 작용했다. 지난 3개월간 겪었던 시련과 이를 극복하는 과정 속에서 윤 대통령은 이전보다 더 단단하고 깊이 있는 정치인으로 성장했다. 국민은 그가 보여준 순수한 충성심과 결단력을 사랑했고, 그것이 곧 윤 대통령을 향한 전례 없는 지지와 열광의 이유가 되었다. 지금 우리가 목격하고 있는 것은 한 정치인의 성장과 더불어 그를 향한 국민들의 진정한 애정의 발현이다.

## 아스팔트에서 피어난 결집의 힘

윤석열 대통령의 발언이 참 인상 깊었다. 나를 지켜준 것은 결국 이 엄혹한 추위에도 아스팔트에서 흔들리지 않고 지지해준 지지층이라는 말이었다. 생각해 보면 이 상황을 통해 우리 우파 진영이 굉장히 큰 정치적 자산을 얻었다고 느낀다.

이미 많은 사람들이 탄핵을 찬성했던 방송들이 윤석열 대통령의 복귀 가능성 때문에 포비아 상태에 빠져 편파적인 속내를 드러내고 있다고 지적하고 있다. 이것 자체가 어쩌면 윤 대통령의 컴백 현실성을 나타내는 나비 효과 같은 게 아닐까 하는 생각마저 든다. 누구에겐 희망 고문일 수도 있고, 또 누군가에게는 망상일 수도 있으며, 좌파 진영에게는 악몽일지 몰라도, 이런 시나리오 자체가 활발히 회자되고 있다는 것 자체가 그것이 찌라시든 뭐든 현실성이 높아졌다는 증거 아니겠는가.

나는 처음부터 윤석열 대통령이 정치적으로 쉽게 물러서지 않을 것이라 봤다. 실제로 지지층이 크게 결집하면서 이전엔 망상이라고 여겨지던 시나리오가 점차 현실감을 띠기 시작했고, 주변 사람들 역시 어느새 태세 전환을 마쳤다. 한 달 전만 해도 모두 헌법재판소에서 8대 0으로 완패하고 검찰의 조서 증거도 모두 채택될 거라는 비관적인 찌라시가 돌지 않았던가.

하지만 최근 중앙지법 지귀연 판사의 구속 취소 판결을 계기로 드라마틱한 반전이 생겼다. 그 반전의 모멘텀 중심에는 언제나 윤석열 대통령이 있었고, 중요한 순간마다 전한길 등, 인플루언서 같은 사람들이 나타나 판세를 뒤집어 주었다. 이 모든 것을 보며 정말 하늘의 모든 운세가 윤석열 대통령 쪽으로 기울고 있는 게 아닌가 하는 생각이 든다.

# 제7공화국, 시대의 숙명

최근 정치권에서는 윤석열 대통령의 복귀가 현실적 가능성으로 떠오르고 있다. 구속 취소 이후, 정치적 '포로'처럼 갇혀 있던 윤 대통령의 핵심 참모들과 내각 주요 인사들이 다시 정치 현장으로 속속 복귀하면서, 윤석열 정부의 팀이 본격적으로 복원되는 양상을 보이고 있기 때문이다. 당초 윤 대통령의 컴백이 현실적으로 어렵다고 판단했던 이들의 회의적 전망은 이러한 윤석열 팀의 재구성을 계기로 점차 힘을 잃어가고 있다.

윤 대통령의 복귀가 가져올 정치적 파급력은 단지 대통령 개인의 귀환을 넘어 시대적 아젠다의 변화를 예고하고 있다. 윤 대통령이 제기할 새로운 과제는 바로 '87체제의 종식'과 '제7공화국 개헌'이 될 것이다. 개헌은 한국 현대정치사에서 대통령의 용기와 희생이 없으면 불가능한 중대한 정치적 과제였다. 지난 87년 체제는 이제 한계에 도달했으며, 윤석열 대통령은 이번 위기를 극복하며 개헌 대통령으로서의 역할을 수행할 역사적 기회를 맞이하고 있다.

무엇보다 주목할 부분은 윤 대통령이 받고 있는 국민적 열광과 지지의 양상이다. 지난 몇 개월 동안 많은 국민이 윤 대통령의 정치적 운명을 두고 분노와 슬픔, 희망과 감동을 오가며 강렬한 감정적 경험을 했다. 특히 보수 진영에서 이처럼 강력하고 순수한 지지와 열정을 한 정치인이 받은 사례는 전례가 없다. 국민들은 윤 대통령이 무엇을 해주었기 때문에 지지하는 것이 아니라, 오히려 그가 겪는 어려움과 시련에도 불구하고 보여주는 강한 결단력과 순수함, 그리고 '찐사랑'을 느끼고 있는 것이다.

정치 현실에서 이 같은 국민적 지지는 무시할 수 없는 강력한 힘을 가진다. 한때 윤 대통령의 복귀 가능성을 두고 '망상', '희망고문'이라는 조롱 섞인 평가를 했던 정치권 내외의 비관론자들조차 최근의 반전된 분위기 속에 서둘러 태세 전환을 하고 있다. 이것은 단순히 정치권의 분위기 변화만을 의미하는 것이 아니라, 많은 이들이 함께 꾸는 꿈은 결국 현실화된다는 정치적 진리를 다시 한번 증명하고 있다.

결국 윤 대통령의 복귀 여부는 이미 정치적 상상력의 영역을 넘어 현실 정치의 중심으로 자리 잡았다. 윤석열 대통령의 복귀

와 함께 대한민국 정치권은 이제 새로운 시대를 열어갈 준비를
해야 한다. 그것은 바로 기득권 정치의 종말을 의미하며, 국민적
지지와 시대적 요청을 담아내는 새로운 정치적 패러다임으로의
전환을 의미하는 것이다.

# 탄핵의 역설

현재 대한민국 상황을 스페인에서 바라보자면, 4월 4일에 선고가 내려질 거라고 보도된 가운데 전국적으로 엄청난 규모의 집회가 열리고 있다. 이러한 집회는 과거와는 다른 양상을 띠고 있는데, 특히 탄핵 찬성 측의 집회는 거의 바람에 사라지듯 힘을 잃은 상황이다. 이러한 현상의 가장 큰 이유는 아스팔트 위에서의 분위기와 기세가 자유 우파 진영이 좌파 진영을 압도하기 시작했기 때문이다.

현재 좌파 진영에서는 2030 여성층의 참여가 현저히 줄어들고 있다. 이는 집회에 참석했던 젊은 여성들이 흥미를 잃었을 뿐 아니라 민노총 등 기성세대의 불쾌한 접근으로 인한 불만이 퍼지면서 나타난 결과이다. 그 빈자리를 급진 좌파 성향의 단체인

대진연, 성소수자 커뮤니티, 극단적 페미니즘을 주장하는 여성들이 채우면서 중도층이나 일반적인 젊은 층이 편하게 참여할 수 있는 환경이 사라졌다.

반면, 보수 우파 진영은 새로운 스타급 연사들이 등장하며 분위기를 전환시키고 있다. 전한길 씨, 그라운드 C, 백지원 씨와 같은 2030세대 연사들이 신선한 콘텐츠와 활력을 제공하고 있으며, 윤석열 대통령을 지지하는 AI 기반의 뮤직비디오 등 창의적이고 즐길 수 있는 콘텐츠가 확산되고 있다. 더불어 주식이나 부동산 투자, 재테크 분야의 자유시장경제 인플루언서들도 집회에 적극 참여하면서 기존의 정치적 무관심층까지 이끌어내고 있다. 이로 인해 먹거리 장터와 같은 부대행사들도 활기를 띠고 있으며, 한남동 같은 지역이 젊은 층의 새로운 핫플레이스로 떠오르기도 했다.

이렇게 아스팔트 위의 활발한 움직임과 새로운 참여자들의 유입은 온라인 콘텐츠 확산에도 영향을 미쳤다. 자유 우파 진영은 활발히 생성된 콘텐츠를 통해 디지털 공간에서도 영향력을 확대하는 반면, 좌파 진영은 동력을 상실해 온라인 공간에서의 영향력이 급격히 축소되었다. 이로 인해 이재명과 같은 정치인들이 과거 영향력을 가졌던 원로 인사들에게까지 매달리며 도움을 요청하는 처지가 되었다.

또한 최근 서울을 중심으로 나타난 MZ세대 중심의 새로운 집회 문화는 전통적인 집회 형태를 완전히 바꿔놓았다. 이러한 젊은 층의 재기발랄하고 창의적인 참여 방식은 일종의 케이 컬처(K-culture)의 새로운 장르로 발전하고 있으며, 향후 해외로까지 수출될 가능성도 보인다. 특히 박근혜 정권 당시의 탄핵 집회와는 달리, 이번에는 예상하지 못했던 젊은 중도층과 새로운 인플루언서들이 주축으로 부상한 것이 가장 큰 변화라고 평가할 수 있다.

혹자가 언급한 것처럼 최근 탄핵 국면에서 나타난 중요한 변화는 집회의 주도 세력과 참여층이 바뀌었다는 점이다. 이전에는 보수 집회의 주요 구성원이 주로 60대 이상 전통적 보수층이었다면, 탄핵을 둘러싼 이번 집회에서는 2030세대, 특히 젊은 여성들이 적극적으로 참여하기 시작했다. 나는 방송에서도 2030세대, 특히 여성들이 더 많이 나와달라고 호소한 바 있는데, 실제로 그런 변화가 일어나면서 집회 양상이 완전히 달라졌다.

이러한 젊은 층의 적극적인 참여는 윤석열 대통령이 직접 나서서 결기 있게 행동했기 때문이라고 생각한다. 윤 대통령이 기존의 정치 지도자들과 달리 "내가 직접 당당하게 법의 심판을 받겠다"며 탄핵재판이나 구속 심사 같은 법적 절차에 직접 출석하고, 구치소에서도 흔들림 없이 강인한 모습을 보여준 것은 젊은 세대가 원하는 지도자의 이미지와 잘 맞아떨어진 것이다.

특히 윤 대통령이 내놓은 메시지와 행동 자체가 젊은 층에게 콘텐츠로 다가왔다. 예를 들어 계엄 문제나 대통령 체포 과정 등 일련의 사건들은 마치 넷플릭스 드라마처럼 극적인 긴장감과 몰입감을 제공하면서 젊은이들의 관심을 사로잡았다. 이 과정에서 윤 대통령은 뒤로 숨지 않고 "법적, 정치적 책임을 모두 내가 지겠다"고 선언하며 전면에 나섰는데, 이것이 요즘 MZ세대가 선호하는 서사인 '스웨그', 즉 힙합 문화에서 말하는 당당한 태도와 맞물리면서 지지를 불러일으킨 것으로 보인다.

게다가 윤 대통령이 적극적으로 헌재에 출석하고 구속심사 과정에도 직접 나선 것은 '입법 독재'라고 평가받는 이재명 대표의 정치 행태나 부정 선거, 반국가적 행위와 맞서겠다는 분명한 메시지를 담고 있었고, 젊은 층은 이런 대립 구도와 명확한 태도에 매료된 것이다.

결국, 윤 대통령의 강력한 결기와 당당한 태도가 젊은 세대에게 일종의 '서사의 주인공'과 같은 매력을 주었고, 이것이 이번 탄핵 국면에서 젊은 층의 결집과 윤 대통령의 지지율 상승이라는 선순환을 만들어냈다고 본다.


## 윤석열의 담대한 소통, 탄핵 국면의 판도를 뒤집다

이번 국면에서 윤석열 대통령이 직접 변론에 나서고 대국민 담화를 통해 적극적인 소통을 한 것도 지지층 결집에 큰 영향을 주었다고 생각한다. 과거 윤 대통령은 도어스테핑을 통해 국민과 소통을 시도했으나, MBC 기자의 불미스러운 사건으로 인해 중단된 이후 대중과의 소통이 부족하다는 비판을 받아왔다. 특히 좌파 언론의 공격적인 마타도어로 인해 여론전에서 큰 어려움을 겪었고, 정치적 대응력 부족으로 여론을 주도하지 못한 측면도 있었다.

그러나 이번 탄핵 국면에서 윤 대통령이 직접 변론과 담화를 통해 명료하고 담대한 태도로 메시지를 전달하자 상황이 반전되기 시작했다. 대통령 스스로 선관위 논란, 줄 탄핵 이슈, 예산 파행 등 여러 이슈를 던지면서 국민들의 관심을 집중시켰고, 중도층까지 끌어들이는 계기를 만들었다. 좌파 언론에서 '술꾼' 같은 표현으로 윤 대통령을 악마화했지만, 실제로 국민들이 직접 들은 윤 대통령의 담화는 매우 명쾌하고 정제되어 있었으며, 대통령 스스로 무엇이 문제인지 본인의 언어로 명확히 설명했다. 이런 모습이 국민들에게 진정한 애국심과 결기, 정치적 역량을 보여주었고, 특히 젊은 세대에게 '스웨그'와 같은 당당함으로 어필하면서 호응을 얻었다.

게다가 대통령이 직접 소통하고 여론을 이끌면서 정치권의 역할이 부족했음에도 불구하고 많은 국민들이 적극적으로 따라오게 되었고, 더불어민주당의 무도한 탄핵 공세나 자기 이익만 추구하는 모습과 대비되면서 국민들이 깨어나고 결집하는 계기가 되었다고 본다.

이런 대통령의 강한 결기와 국민들과의 소통이 맞아떨어져 새로운 형태의 집회 문화가 형성되었다고 생각한다. 초기만 해도 많은 사람들이 탄핵이 현실화될지도 모른다는 우려를 가졌었지만, 지금은 오히려 탄핵이 기각 또는 각하되어야 한다는 의견에 국민들의 에너지가 집중되고 있다. 결국 윤 대통령의 적극적이고 당당한 소통이 국민의 인식을 바꾸고 탄핵 국면에서 강력한 반전의 계기를 만든 셈이다.

헌재의 탄핵 심판 결과에 대해서는 내가 법률 전문가는 아니지만, 현재의 분위기나 국민 여론상 탄핵이 인용될 가능성은 매우 낮다고 본다. 국민들의 변화된 인식이 헌재의 판단에도 적지 않은 영향을 줄 것으로 기대하고 있다.


## 뒤집힌 헌재 분위기

현재 헌법재판소의 분위기는 초창기의 긴박했던 상황과는 확연히 달라진 것 같다. 당시만 해도 헌재는 모든 다른 탄핵 사건 심리를 뒤로 미루고 윤석열 대통령 탄핵 건을 최우선으로 다루며 빠르게 판결하려는 움직임이 있었다. 그래서 처음엔 모두가 '8 대 0 인용'을 예상할 정도로 헌재가 일방적으로 움직이는 듯 보였다.

그러나 지금 상황은 완전히 달라졌다. 우리법 국제인권법 좌파의 우두머리 문형배 일당이 계획한 대로 헌재가 움직이지 않고 있으며, 탄핵 심판 일정이 그들이 예상한 스케줄과 크게 어긋나고 있다는 점이 이를 잘 보여준다. 특히 보수 성향의 헌법재판관들 사이에서 명백히 저항의 움직임이 보이고 있다. 얼마 전 있었던 이진숙 방통위원장 탄핵 심판이 4 대 4로 나왔던 것이 그 대표적 사례다. 당초 좌파 측은 쉽게 통과될 것으로 예상했지만, 결국 균열이 드러났던 것이다.

내가 오래전부터 강조했던 점은 헌법재판관 임명 문제에서 최상목 대행에게 마은혁을 임명하라고 압박했던 사건이다. 이런 압박 자체가 좌파 진영의 내부적 위기감을 보여주는 것이라고 생각한다. 게다가 최근 최재해 감사원장 탄핵은 다시 8 대 0 기각으로 결정이 나면서 일각에선 이를 두고 마치 공정하다는 인상을 주는 '윤 대통령 탄핵을 위한 밑밥'이라고 하지만, 오히려 나는 지금 좌파 진영의 상황이 점점 더 악화되고 있다고 본다. 윤 대통령에 대한 구속 취소 결정이 내려진 이상, 공수처, 검찰 등의 수사 증거를 탄핵 심판의 근거로 삼기엔 '독수독과'의 문제가 명백히 드러났기 때문이다.

이러한 상황에서 헌재 내 보수 재판관들이 굳이 법관으로서의 경력이나 실력이 형편없이 부족한 문형배 일당에게 협박받거나 그들 눈치를 보며 투항할 이유가 없다는 게 내 생각이다.

무엇보다 중요한 것은 박근혜 전 대통령 탄핵 당시 상황과 비교했을 때 지금은 완전히 다르다는 점이다. 당시 박근혜 대통령 탄핵 심판에서 8 대 0으로 인용 판결이 나왔지만, 실제로는 두 명의 보수 재판관들이 탄핵 기각 의견을 냈다가 만장일치 모습을 보이려고 거둬들였었다고 한다. 그리고 당시엔 대통령 지지율이 5% 수준까지 떨어지고 보수층 결집이 거의 불가능할 정도로 당내 분위기도 분열되고 어수선했지만, 지금은 국민의힘 의원들이 헌재 앞에서 릴레이 시위를 벌이며 단단히 결집한 상태다. 또 윤 대통령의 지지율은 오히려 상승하고 있고, 당 지도부는 빠졌지만 대다수 의원들이 탄원서를 내며 적극적으로 대응하고 있는 상황이다.

혹자가 지적했듯이, 초기만 해도 많은 국민이 '탄핵당하는 것 아니냐'는 우려를 했지만 이제는 오히려 탄핵이 기각 또는 각하되어야 한다는 의견에 국민적 에너지가 모이고 있다. 이런 정치적 배경과 여론의 흐름을 볼 때, 헌재가 과연 6대 2 이상의 인용 결정을 내릴 수 있을지 나는 상당히 의구심을 가지고 있으며, 이는 단지 나만의 생각이 아니라 현재 돌아가는 정황을 냉정하게 바라보는 사람이라면 누구나 공유할 수 있는 전망이라고 본다.


## 조급한 여권 인사들의 자충수

혹자가 언급한 것처럼, 최근 헌법재판소의 탄핵 판결과 관련해 법학자들의 의견이 대통령과 재판관들에게만 영향을 미치는 게 아니라 일반 국민들의 정치적 인식과 정서에도 상당한 영향을 주고 있다. 법률적 해석을 포함한 여러 담론들이 유튜브와 같은 채널을 통해 공유되면서, 국민들이 마치 모두 법률가인 양 정치적 사안에 깊이 개입하는 시대가 된 것이다. 물론 법학자들 가운데 좌파적 성향을 가진 이들이 편파적인 법률 해석을 내놓으며 여론을 흔들고 있지만, 이미 국민들은 그런 주장에 쉽게 현혹되지 않고 있다.

나는 이런 상황을 보며 최근 정치권, 특히 여권 내부 인사들이 다급하게 움직이는 모습을 주목하게 된다. 홍준표는 이미 탄핵 판결이 나오기도 전에 마치 조기 대선이 치러질 것처럼 사실상 출마 선언을 했고, 배신자로 불리는 한동훈과 오세훈 같은 정치인들은 발 빠르게 출판기념회를 열며 자신들의 존재감을 부각하고 있다. 유승민 역시 기회를 놓치지 않고 적극적으로 움직이고 있다. 하지만 이런 정치인들의 움직임은, 결국은 불안감과 초조함에서 나오는 행동일 가능성이 크다고 생각한다.

특히 SBS 김태현과 같이 한동훈계로 알려진 인물들이 총공세에 나서고 있는 것은, 역설적으로 윤석열 대통령의 복귀 가능성에 대한 두려움과 위기감을 드러내고 있다고 본다. 최근 윤 대통령의 구속 취소 결정으로 인해 오세훈, 한동훈 등 여권 내부 인사들의 정치적 계산이 크게 어긋났다는 점에서 이들의 위기감은 더 심화되었다. 자신들이 기대했던 탄핵 인용 후의 차기 대선 국면이 불확실해지자, 이제는 기존의 구도와 다른 새로운 변수를 만들어 내야만 하는 입장에 몰렸기 때문이다.

현재 조갑제나 정규재와 같은 보수 이탈 인사들은 이재명에게 유리한 결론을 내라고 총력을 기울이고 있지만, 이들이 원하는 만큼의 여론 동력이 형성되지 않고 있다. 오히려 '세이브 코리아' 운동이나 광화문 집회, 여의도 등의 시민적 열기, 그리고 유튜브에서 활동하는 2030세대의 활발한 참여가 정치권의 움직임과는 별개로 이루어지고 있는 상황이다.

결국, 정치권의 인물들이 탄핵 정국을 기회로 여겨 성급하게 나서는 모습은 오히려 국민들의 반발을 사고 자신들의 정치적 생명을 단축시키는 부메랑이 될 수 있다고 판단된다. 그들의 초조함과 다급함이 가져오는 부정적 결과는 결국 국민의 눈에 명확히 드러나고 말 것이기 때문이다.


## 탄핵 국면에서 떠오른 新친윤 세력

현재 보수 진영에서는 김문수 장관과 나경원 의원, 윤상현 의원 등의 인사들이 지지층으로부터 더 큰 리더십의 인정을 받고 있는 상황이다.

언론에서도 이런 상황을 주목하기 시작했다. 최근 탄핵 반대 집회를 통해 김기현, 나경원, 윤상현, 이철우 경북지사 같은 인물들이 새롭게 주목받고 있다. 이는 새로운 친윤 세력이 부상하고 있다는 의미다. 특히 이철우 지사는 원래 지역 정치권에서는 잘 알려졌으나 전국적으로는 상대적으로 인지도가 낮았다. 그러나 최근 계엄 사태와 관련해 국민의힘 소속 광역단체장들이 기대 이하의 행보를 보인 상황에서 이철우 지사가 처음부터 윤석열 대통령을 강하게 지지하는 입장을 유지해 온 덕분에 그의 전국적인 인지도가 상승하며 중요한 정치적 자산을 쌓게 되었다.

이철우 지사를 비롯한 이들이 부각된 것은 윤석열 대통령이 설정한 아젠다와 밀접한 관련이 있다. 선관위 문제, 언론과 사법 체계의 공정성 문제, 공수처 문제 등이 핵심 현안으로 떠오르면서 향후 보수 우파의 방향성을 명확히 설정하는 계기가 된 것이다. 따라서 이러한 정치인들이 중심이 되어 새로운 친윤 세력이 등장하고 있으며, 특히 친윤 팬덤이나 2030세대, 중도층에서 새롭게 유입된 지지층이 증가하면서 보수 우파 진영의 기반이 더욱 튼튼해지고 있다. 이를 통해 윤석열 대통령이 보수 진영의 리더십으로서 중심적 역할을 하고 있음을 알 수 있다.

# Epilogue

에필로그

## 정치, 팬덤, 그리고 윤석열이라는 사건

현재 나는 미국에서 이 글을 쓰고 있다. 미국 시라큐스대학교에서 박사 학위를 마친 후 한동안 미국을 찾지 않았다. 그러다 2017년 ICA(International Communication Association)에서 PR 부문 Top Faculty Paper Award를 수상한 데 이어, 올해는 8년 만에 ECA(Eastern Communication Association)에서 정치 커뮤니케이션 부문 Top Faculty Paper를 수상하며 다시 미국을 찾게 되었다.

이번에 발표한 연구는 정치 팬덤이 어떻게 대중의 정치적 행동을 형성하고, 기존의 진영 구도를 어떻게 무너뜨리는지를 분석한 것이었다. 특히 흥미로웠던 것은, 일반적으로 좌파 진영이 강조하는 '개인 중심 윤리(individualizing morals)'가 문재인 팬덤에서는 오히려 '공동체 중심 윤리(binding morals)'—보수 진영의 가치로 여겨지던—로 대체되고 있다는 점이었다.

서구에서는 트럼프 현상을 극우 포퓰리즘으로 규정하며 정치 팬덤 자체를 악마화해 왔다. 그러나 내 연구는 팬덤 정치가 특정 진영이나 국가에 국한되지 않는 **보편적 정치현상**임을 입증하고자 했다.

문재인 팬덤은 한국 좌파의 대표적 정치 아이돌 팬덤이며, 그 열정과 조직력은 결코 우파보다 덜하지 않다는 사실을 확인했다. 그리고 나는 그 질문을 다시 던지게 되었다. 그렇다면, **윤석열 대통령은 왜 팬덤 정치에 실패했다고 여겨졌는가? 그리고 지금은, 어떻게 윤석열 팬덤이 형성되고 있는가?**

윤 대통령은 초기에 팬덤 정치와는 거리를 두는 인물이었다. 하지만 최근 그는 정치적 생명을 걸고 중대한 결단들을 내려왔고, 그 과정에서 '강한 캐릭터'로서의 윤석열이 서사적으로 재조명되기 시작했다. 마치 넷플릭스 한국판 「하우스 오브 카드」를 연상케 하는 전개 속에서, 대중은 그에게서 새롭고 강렬한 리더십의 매력을 발견하게 되었다.

발표를 마친 뒤 청중들은 "매우 신선하고 인사이트 있는 연구였다"고 평가해주었다. Top Paper 수상도 물론 기뻤지만, 나에게 더 의미 있었던 것은 이 연구가 오늘을 살아가는 사람들에게 '정치란 무엇인가'에 대한 새로운 질문을 던졌다는 점이다. 그리고 나는 이 책 『K-드라마 윤석열』을 통해 그 질문을 여러분과 함께 나누고자 했다.

윤석열이라는 인물은 한 인간으로서 결코 완벽하지는 않을 것이다. 그러나 윈스턴 처칠이나 징기스칸처럼, **혼란한 시대 속에서 결기 있는 전사형 리더십이 필요한 순간**, 그는 그에 최적화된 리더일 수 있다. 특히 불확실성이 지배하는 위기 속에서, **뚝심 있게 버티며 판**

을 읽어내고, 새로운 변수에 신속히 대응하는 순발력은 지금 우리가 처한 현실—좌파 세력과 반국가 세력, 사법부의 무능과 방관이 빚어낸 위기—에 꼭 필요한 리더십의 조건이 아닐까.

윤석열이라는 인물, 그리고 그를 둘러싼 팬덤의 탄생과 진화를 통해 우리는 지금, 정치라는 세계의 새로운 얼굴과 마주하고 있다.


앞으로도 나는 글로벌한 시각을 가진 재외 학자로서, 데이터 기반의 전략, 팬덤 커뮤니케이션, 이기는 스토리텔링의 노하우를 공유하고, 디지털 크리에이터로서 법치, 안보, 공정, 기회의 가치를 균형 있게 발전시키기 위한 사회적 네트워크 구축에 힘쓸 것이다.

이 책이 기록한 시대의 단면이, 훗날 대한민국 보수와 정치문화의 전환점으로 남기를 진심으로 바란다.

## 감사의 말씀<sup>acknowledgement</sup>

이 책이 세상에 나올 수 있었던 것은 결코 저 혼자의 힘만은 아니었습니다. 무엇보다 『K-드라마 윤석열』의 기획과 완성에 결정적인 기여를 해주신 투나미스 유지훈 대표님께 깊은 감사의 마음을 전합니다. 제가 써낸 모든 원고를 당대의 정치 상황과 시간의 흐름에 맞춰 생동감 있는 서사로 재구성해 주시고, 살아 있는 이야기로 편집해주신 그 역량은 실로 탁월했습니다. 기획부터 편집, 디자인에 이르기까지 전 과정을 일사불란하게 이끌며 속도와 완성도를 동시에 잡아내신 대표님은 '출판의 장인'이라 불릴 만한 분이십니다.

이 혼란한 정국 속에서도 원내의 중심을 굳건히 지켜주신 나경원, 윤상현, 김기현, 박성민, 김민전 의원님께도 깊이 감사드립니다. 특히 여의도연구원 시절부터 변함없는 조언을 아끼지 않으시고, 이번 정국에서는 단식이라는 결단을 통해 보수 엘리트의 결기와 애국심, 그리고 품격이 무엇인지를 온몸으로 보여주신 박수영 의원님께 각별한 존경의 마음을 전합니다.

국정의 무게를 내각에서 묵묵히 감당해주신 김문수 장관님, 그리고 지방정부에서 흔들림 없이 '보수의 심장' TK 지역을 안정적으로 이끌어주신 이철우 지사님께도 진심으로 감사드립니다. 두 분은 정치인으로서뿐만 아니라, 저에게는 인생의 선배이자 소중한 멘토이시기도 합니다.

또한 시대의 흐름을 바꾸는 '문화전쟁'의 가능성을 온몸으로 증명해주신 전한길 선생님께 경의를 표합니다. 혜성처럼 등장해 수백만의 조회수를 기록하며 젊은 세대의 정치적 감수성을 일깨워준 그의 활동은 단순한 콘텐츠를 넘어, 우파 진영 전체에 문화적 자신감을 불어넣는 결정적 계기였습니다.

절대적으로 편향된 언론 환경 속에서도 뉴미디어 기반의 신뢰할 수 있는 우파 플랫폼을 꿋꿋이 지켜내신 전옥현TV의 전옥현 대표님, 종편과 유튜브를 넘나들며 명쾌한 논리와 직설로 시대의 이정표를 세워주신 최진녕 변호사님, 그리고 냉철한 법률 지식과 정세 분석으로 보수 진영의 구심점이 되어주신 신평 변호사님께도 깊은 감사를 드립니다. 신 변호사님께서는 '정정회' 모임을 통해 어려운 시기에 우리 사회의 중심을 잡아주시고, 법률적 통찰과 지적 기반으로 여론을 환기시켜 주셨습니다.

무엇보다도 차가웠던 겨울을 뜨거운 열정으로 채워주신 모든 애국 시민 여러분, 시대의 의병장이 되어 함께 싸워주신 인플루언서 여러분, 페이스북과 유튜브를 통해 끊임없이 소통해 주신 팔로워 여러분께도 머리 숙여 감사드립니다. 특히, 국민변호인단의 출범과 활약은 놀라웠습니다. 국민변호인단은 탄핵 정국 속에서 절박한 심정으로 헌법재판소와 각종 공공기관 앞에서 1인 시위와 법률 대응을 이어갔으며, 수많은 국민들과 함께 자발적으로 여론전에 나섰습니다. 특히 일부 법률 대리인단은 무보수로 참여해 싸움에 동참했고, 이러한 헌신은 단순한 법률 대응을 넘어 하나의 국민운동으로 확산되었습니다.

마지막으로 이 시대의 진정한 드라마의 주인공이자, 자신의 모든 것을 걸고 보수 우파의 전례 없는 결집을 이끌어주신 윤석열 대통령께 진심 어린 감사의 인사를 올립니다.

이 책이 여러분의 마음속에 작은 울림이 되기를, 그리고 우리가 함께 써 내려갈 대한민국의 다음 장에 작지만 뜨거운 불씨가 되기를 진심으로 바랍니다.

심규진 드림

# 심규진

정치·윤리적 소비자 행동, 소셜미디어 전략, 마케팅 콘텐츠 전략을 연구하고 강의하는 학자이다. 싱가포르 경영대학교(SMU), 멜버른 대학교를 거쳐, 현재 스페인 IE 대학교 경영대학에서 커뮤니케이션 및 디지털 미디어 조교수로 활동 중이다. 이화여자대학교(학사), 미시간 주립대(석사), 시라큐스 대학(박사)에서 학위를 취득했으며, 2021년에는 여의도연구원 데이터랩 실장으로 정책 개발 및 여론 분석을 수행했다. 싱가포르 교육부, 스페인 과학혁신부의 지원을 받아 연구 프로젝트를 진행했으며, SCI 등재 저널에 소비자 윤리, 온라인 행동, 기업 평판 관련 논문을 다수 게재했다. 또한, 국제커뮤니케이션학회(ICA)에서 Top Faculty Paper Award를 수상했으며, CJB 기자 및 미디어다음 뉴스 파트장으로 활동하며 이명박, 원희룡, 이문열, 추미애 등 유명 인사를 인터뷰한 저널리즘 경력을 보유하고 있다. 아울러 스페인 마드리드 현지에서 국내 정치 상황은 물론 글로벌 식견을 담은 유튜브 채널을 운영하고 있다.

채널 검색 @kyujinshim78